Racconti in Bulgaro

Racconti in Bulgaro per principianti e intermedi

Viktor Georgieva

greenthumbpublishing@gmail.com

Contenuti

Introduzione

La lettura di una lingua straniera è uno dei modi più efficaci per migliorare le competenze linguistiche e ampliare il vocabolario. Tuttavia, a volte può essere difficile trovare materiali di lettura coinvolgenti e di livello adeguato, che diano una sensazione di realizzazione e di progresso. La maggior parte dei libri e degli articoli scritti per i madrelingua può essere troppo lunga e difficile da capire, oppure può avere un vocabolario di livello molto alto, per cui ci si sente sopraffatti e si rinuncia. Se questi problemi vi suonano familiari, allora questo libro fa per voi!

Racconti Brevi in Bulgaro è una raccolta di 25 racconti non convenzionali e divertenti pensati per aiutare gli studenti di livello da principiante a intermedio di Bulgaro a migliorare le loro competenze linguistiche.

Questi racconti creano un ambiente di lettura di supporto, includendo;

- Ricchi contenuti linguistici in diversi generi per intrattenere l'utente ed esporlo a una varietà di forme di parole.
- Storie brevi in capitoli per darvi la soddisfazione di finire le storie e progredire rapidamente.
- Testi scritti al vostro livello in modo da essere più facilmente comprensibili e non opprimenti.
- Traduzione italiana a pagine alterne per potervi fare riferimento direttamente riga per riga durante la lettura della storia Bulgaro.
- I vocaboli chiave sono stampati in grassetto lungo tutta la storia e la traduzione per aiutare a capire meglio le parole non familiari.

- Domande di comprensione per testare la comprensione degli eventi chiave e per incoraggiare la lettura più approfondita.

Se volete ampliare il vostro vocabolario, migliorare la vostra comprensione o semplicemente leggere per divertimento, questo libro è il più grande passo avanti che farete nei vostri studi quest'anno. I Racconti Brevi in Bulgaro vi daranno tutto il supporto di cui avete bisogno, quindi sedetevi, rilassatevi e lasciate correre la vostra immaginazione mentre venite trasportati in un magico mondo di avventura, mistero e intrighi - in Bulgaro!

Come utilizzare questo libro

La lettura è un talento difficile da padroneggiare. Nella nostra lingua madre usiamo una serie di micro-abilità per aiutarci a leggere. Ad esempio, possiamo sfogliare un brano per avere una comprensione approssimativa del contenuto. Oppure potremmo sfogliare numerose pagine di un orario ferroviario alla ricerca di un orario o di un luogo specifico. Mentre queste micro-abilità sono una seconda natura quando leggiamo nella nostra lingua madre, la ricerca rivela che spesso dimentichiamo la maggior parte di esse quando leggiamo in una lingua straniera. Quando si impara una lingua straniera, di solito si parte dall'inizio di un testo e lo si sfoglia, cercando di capire ogni singola parola. Inevitabilmente, ci imbattiamo in termini sconosciuti o complessi e ci infastidisce l'incapacità di comprenderli.

Uno dei maggiori vantaggi della lettura di una lingua straniera è quello di essere esposti a un gran numero di frasi ed espressioni che vengono utilizzate nelle situazioni quotidiane. La lettura intensiva è un termine usato per descrivere la lettura per piacere al fine di imparare una lingua. Non è come la lettura di un libro di testo, quando le conversazioni o i testi sono concepiti per essere letti lentamente e con attenzione con l'obiettivo di comprendere ogni parola. La "lettura intensiva" si riferisce alla lettura effettuata per raggiungere obiettivi di apprendimento specifici o per completare compiti. In altre parole, la lettura approfondita dei libri di testo di solito favorisce l'apprendimento di regole grammaticali e di un vocabolario particolare, mentre la lettura intensiva di storie favorisce l'apprendimento del linguaggio

naturale.

I Racconti Brevi in Bulgaro vi offriranno l'opportunità di conoscere meglio la lingua naturale Bulgaro in uso, anche se forse avete iniziato il vostro percorso di apprendimento delle lingue esclusivamente con i libri di testo. Ecco alcuni suggerimenti da tenere a mente mentre leggete le storie di questo libro per trarne il massimo beneficio: Quando si tratta di leggere, il divertimento e il senso di realizzazione sono fondamentali. Si continua a tornare perché ci si diverte a leggere. Leggere ogni storia dall'inizio alla fine è il metodo migliore per godersi le storie e sentirsi realizzati. Di conseguenza, la cosa più importante è arrivare alla fine di una storia. È più importante che conoscere ogni singola parola.

Più si legge, più si acquisisce conoscenza. Se si leggono libri più grandi per piacere, si acquisisce rapidamente una conoscenza di come funziona la Bulgaro. Tuttavia, tenete presente che per ottenere tutti i benefici della lettura estensiva, dovete prima leggere un volume sufficientemente consistente. Leggere qualche pagina qua e là può insegnare qualche parola nuova, ma non farà una differenza significativa nel livello generale di Bulgaro.

Accettate il fatto che non riuscirete a comprendere tutto ciò che leggete in un romanzo. Questo è, senza dubbio, il punto più cruciale! Ricordate sempre che non capire tutte le parole o le frasi è assolutamente accettabile. Non significa che le vostre competenze linguistiche siano inadeguate o che il vostro rendimento sia scarso. Indica che state partecipando attivamente al processo di apprendimento.

Guida alla lettura

Per trarre il massimo beneficio dalla lettura di Racconti Brevi in Bulgaro, è meglio seguire questo semplice processo di lettura in sei fasi per ogni capitolo dei racconti:

1. Leggete il titolo del capitolo. Pensate al tema della storia. Poi leggete la storia fino in fondo. Il vostro obiettivo è semplicemente quello di arrivare alla fine della storia. Pertanto, non fermatevi a cercare le parole e non preoccupatevi se ci sono cose che non capite. Cercate semplicemente di seguire la trama.

2. Quando arrivate alla fine della storia, scrutate la traduzione italiana per vedere se avete capito cosa è successo e per cogliere il contesto che vi è sfuggito.

3. Tornate indietro e rileggete la stessa storia. Se volete, potete concentrarvi di più sui dettagli della storia rispetto a prima, ma altrimenti leggete semplicemente un'altra volta.

4. Successivamente, leggete le domande di comprensione in Bulgaro per verificare la vostra comprensione degli eventi chiave della storia. Se non capite completamente le domande, non preoccupatevi. Utilizzate le vostre conoscenze per rispondere al meglio.

5. A questo punto dovreste aver compreso gli eventi principali del capitolo. In caso contrario, potreste rileggere il capitolo alcune volte utilizzando la traduzione per controllare le parole e le frasi sconosciute fino a quando non vi sentirete sicuri.

Una volta che siete pronti e sicuri di aver capito cosa è successo - che sia dopo una o più letture della storia - passate alla storia successiva e continuate a godervi la storia al vostro ritmo, proprio come fareste con qualsiasi altro libro.

Solo una volta completata una storia nella sua interezza, si può pensare di tornare indietro e studiare il linguaggio della storia in modo più approfondito, se lo si desidera. Oppure, invece di preoccuparvi di capire tutto, prendetevi del tempo per concentrarvi su ciò che avete capito e congratularvi con voi stessi per quanto avete fatto.

Racconti in Bulgaro

София

София е красив град в България. Тя е столицата и най-големият град в България. Населението на София е около 1,4 милиона души. Името на града идва от гръцката дума за **мъдрост,** което е подходящо, защото в него се намират много университети и колежи. София е основана от римския император Константин I през 324 г. Той избира това място, защото е разположено в центъра между Европа и Азия, което го прави **идеално** място за търговия и занаятчийство. В продължение на векове София процъфтява като ключова спирка по търговския път на коприната, свързващ Китай с Европа. Днес София продължава да бъде важен икономически център в Източна Европа с процъфтяващ бизнес район, пълен с банки, офис кули и луксозни хотели. Въпреки **модерността** си, София запазва очарованието на стария свят.

Центърът на града е изпълнен с **красиви** православни църкви и средновековни руини. Една от най-популярните туристически атракции е катедралата “Александър Невски”, построена в чест на руските войници, загинали по време на Руско-турската война. Други забележителни обекти са джамията Баня Баши, една от двете останали османски джамии в България, и църквата

Sofia

Sofia è una bellissima città della Bulgaria. È la capitale e anche la città più grande della Bulgaria. La popolazione di Sofia è di circa 1,4 milioni di persone. Il nome della città deriva dalla parola greca che significa "**saggezza**", il che si addice al fatto che è sede di molte università e college. Sofia fu fondata dall'imperatore romano Costantino I nel 324 d.C.. Egli scelse questa località per la sua posizione centrale tra Europa e Asia, che la rendeva un luogo **ideale** per gli scambi e il commercio. Per secoli, Sofia è stata una tappa fondamentale della Via della Seta, che collegava la Cina all'Europa. Oggi Sofia continua a essere un importante centro economico dell'Europa orientale, con un fiorente quartiere degli affari ricco di banche, torri di uffici e hotel di lusso. Nonostante la sua **modernità**, Sofia conserva un fascino antico.

Il centro della città è ricco di **bellissime** chiese ortodosse e di rovine medievali. Una delle attrazioni turistiche più popolari è la Cattedrale Alexander Nevsky, costruita in onore dei soldati russi morti durante la guerra russo-turca. Altri punti di riferimento degni di nota sono la Moschea Banya Bashi, una delle due uniche moschee ottomane rimaste in Bulgaria, e la Chiesa di Santa Nedelya, una chiesa ortodossa bulgara del XIX secolo. Sofia ospita anche numerosi

“Света Неделя”, **богато украсена** българска православна църква от XIX век. В София се намират и много музеи и художествени галерии, представящи както местно, така и международно изкуство. В Националната художествена галерия са изложени картини на известни български художници, а в Природонаучния музей има експозиции на **динозаври** и други животни от цял свят. За нещо наистина уникално, посетете Музея на социалистическото изкуство, в който са изложени пропагандни плакати и други артефакти от **комунистическата** епоха в България.

Посещението в София не би било пълно, ако не опитате традиционна българска храна. Шопската салата е задължително ястие, приготвено от **домати,** краставици, лук, чушки, сирене фета и дресинг от зехтин. Друг популярен вариант е баницата - люспест сладкиш, пълнен със спанак или сирене, който може да се сервира за закуска или като гарнитура по време на обяд или вечеря. Баница може да се намери в повечето **пекарни в** София, но за нещо наистина специално я опитайте в ресторант Saray, където се приготвя ежедневно прясна по автентична **рецепта, предавана от** поколения.
И не забравяйте да измиете всичко с чаша (или две) ракия - националната алкохолна напитка на България, приготвена от ферментирали плодови сокове!

musei e gallerie d'arte che espongono arte locale e internazionale. La Galleria Nazionale d'Arte presenta dipinti di famosi artisti bulgari, mentre il Museo di Storia Naturale espone **dinosauri** e altri animali provenienti da tutto il mondo. Per qualcosa di veramente unico, visitate il Museo di Arte Socialista, che espone manifesti di propaganda e altri manufatti dell'epoca **comunista** della Bulgaria.

Una visita a Sofia non sarebbe completa senza aver provato il cibo tradizionale bulgaro. L'insalata shopska è un piatto imperdibile a base di **pomodori**, cetrioli, cipolle, peperoni, formaggio feta e olio d'oliva. Un'altra opzione popolare è la banitsa, una pasta sfoglia ripiena di spinaci o formaggio che può essere servita a colazione o come contorno a pranzo o a cena. La banitsa si trova nella maggior parte delle **panetterie** di Sofia, ma per qualcosa di veramente speciale, provatela al ristorante Saray, dove viene preparata fresca ogni giorno con una **ricetta** autentica tramandata da generazioni. E non dimenticate di innaffiare il tutto con un bicchiere (o due) di rakia, la bevanda alcolica nazionale della Bulgaria a base di succhi di frutta fermentati!

Въпроси за разбиране

1. Как се казва градът в България?

2. Какво означава името на града?

3. Кой е основал града?

4. Защо е избрано мястото за построяване на града?

5. С какво е била известна София преди векове?

6. С какво е известна София днес?

7. Какви сгради се намират в бизнес района?

8. Коя е една от най-популярните туристически атракции?

9. Каква храна трябва да опитате, когато посетите София?

10. Коя е националната алкохолна напитка в България?

Domande di comprensione

1. Qual è il nome della città in Bulgaria?

2. Che cosa significa il nome della città?

3. Chi ha fondato la città?

4. Perché è stato scelto il luogo in cui costruire la città?

5. Per cosa era conosciuta Sofia secoli fa?

6. Per cosa è conosciuta oggi Sofia?

7. Che tipo di edifici si trovano nel quartiere commerciale?

8. Qual è una delle attrazioni turistiche più popolari?

9. Quale tipo di cibo è assolutamente da provare quando si visita Sofia?

10. Qual è la bevanda alcolica nazionale in Bulgaria?

Лавандула

Лавандула винаги е била **специално** момиче. Имаше дарбата да кара хората да се чувстват по-добре, независимо какъв е проблемът им. Приятелите ѝ идваха при нея с проблемите си, а тя ги изслушваше търпеливо, преди да им даде мъдър съвет. Дори когато беше по-млада, Лавандула имаше стара душа и беше мъдра повече от годините си. Затова не беше изненадващо, че когато бабата на Лавандула почина, тя се зае да **утеши** скърбящото ѝ семейство. Помагаше на майка си да готви и чисти и се грижеше малкият ѝ брат да си пише домашните всяка вечер. Това беше труден момент за всички, но Лавендер остана силна и подкрепяща през цялото време. В крайна сметка нещата отново започват да се нормализират. Но въпреки че най-тежката **тъга** беше преминала, Лавендер все още изпитваше ужасна липса по баба си. Липсваше ѝ да чува истории за времето, когато е била млада, или да получава късчета мъдрост от възрастната жена.

Така един ден Лавандула решава да засади **лавандулов** храст в памет на баба си - и оттогава всеки път, когато усеща сладкия му аромат, който се носи из въздуха, той носи мир и утеха в сърцето

Lavanda

Lavanda è sempre stata una ragazza **speciale**. Aveva il dono di far sentire meglio le persone, indipendentemente dal loro problema. I suoi amici venivano da lei con i loro problemi e lei li ascoltava pazientemente prima di offrire saggi consigli. Anche quando era più giovane, Lavanda aveva un'anima antica ed era più saggia dei suoi anni. Non sorprende quindi che, quando la nonna di Lavanda morì, lei si assunse il compito di **confortare** la famiglia in lutto. Aiutò la madre a cucinare e a pulire e si assicurò che il fratellino facesse i compiti ogni sera. Fu un periodo difficile per tutti, ma Lavender rimase forte e solidale per tutto il tempo. Alla fine le cose cominciarono a tornare alla normalità. Ma anche se la **tristezza** era passata, Lavanda sentiva ancora terribilmente la mancanza della nonna. Le mancava ascoltare le storie di quando era giovane o ricevere pezzi di saggezza dalla donna più anziana.

Così un giorno Lavender decise di piantare un cespuglio **di lavanda** in memoria della nonna e, da quel momento in poi, ogni volta che sentiva la sua dolce fragranza aleggiare nell'aria, portava pace e conforto al suo cuore, sapendo che una parte di sua nonna era ancora con loro, sempre. Il dono della

й, знаейки, че част от баба й все още е винаги с тях. Дарбата на Лавандула да кара хората да се чувстват по-добре й идва на помощ, когато започва работа като **медицинска сестра**. Пациентите й бързо я нарекоха "лекуващия ангел", тъй като винаги отделяше време да изслуша и да предложи мили думи на насърчение. Без значение колко е заета, Лавендер винаги се старае да провери всеки един от пациентите си, дори и да е само за кратък разговор. По време на един от тези разговори Лавендер се запознава с г-жа Сондърс, **възрастна** жена, която е диагностицирана с рак. Още от първия им разговор стана ясно, че госпожа Сондърс се страхува от бъдещето, но Лавендер направи всичко възможно, за да облекчи страховете й и да й помогне да остане **позитивна**.

lavanda di far sentire meglio le persone le tornò utile quando iniziò a lavorare come **infermiera**. Ben presto i suoi pazienti l'hanno soprannominata "l'angelo della guarigione", perché si prendeva sempre il tempo per ascoltare e offrire parole gentili di incoraggiamento. Per quanto fosse impegnata, Lavender si assicurava sempre di controllare ogni singolo paziente, anche solo per una breve chiacchierata. Fu durante una di queste chiacchierate che Lavender incontrò la signora Saunders, un'**anziana** donna a cui era stato diagnosticato un cancro. Fin dalla loro prima conversazione, fu chiaro che la signora Saunders era terrorizzata da ciò che le riservava il futuro, ma Lavender fece tutto il possibile per alleviare le sue paure e aiutarla a rimanere **positiva**.

Въпроси за разбиране

1. Какъв беше подаръкът на Лавандула?

2. Как Лавандула помага на семейството си, след като баба ѝ умира?

3. Защо Лавандула засажда лавандулов храст?

4. Какъв е прякорът на Лавандула в болницата?

5. Коя беше г-жа Сондърс?

6. Каква е диагнозата на г-жа Сондърс?

7. За какво разговарят госпожа Сондърс и Лавандула?

8. Как се е влошило здравето на г-жа Сондърс?

9. Какво каза г-жа Сондърс на Лавандула, преди да умре?

10. На кого винаги може да разчита Лавандула?

Domande di comprensione

1. Qual era il regalo di Lavanda?

2. In che modo Lavender ha aiutato la sua famiglia dopo la morte della nonna?

3. Perché Lavanda ha piantato un cespuglio di lavanda?

4. Qual era il soprannome di Lavanda all'ospedale?

5. Chi era la signora Saunders?

6. Qual è stata la diagnosi della signora Saunders?

7. Di cosa hanno parlato la signora Saunders e Lavender?

8. Come si è ridotta la salute della signora Saunders?

9. Che cosa disse la signora Saunders a Lavender prima di morire?

10. Su chi può sempre contare Lavanda?

Розово масло

Сладкият, цветен аромат на розово масло изпълва въздуха, докато Лайла работи в градината си. Тя обичаше мириса на рози и винаги се стараеше да има няколко капки **масло** върху ръцете си, когато работеше с тях. Това беше едно от любимите ѝ неща през лятото. Докато подрязваше един храст, чу някой да я вика по име. Звучеше като съседката ѝ, госпожа Джаксън. Лайла се изправи и избърса ръцете си в престилката, преди да отиде до оградата, която разделяше имотите им. "Здравейте, госпожо Джаксън", каза тя топло. "Какво мога да направя за вас?" Исках само да ви съобщя, че синът ми **утре ще бъде на гости в** града и се чудех дали не искате да дойдете на вечеря. Лайла беше развълнувана, че ще вечеря с госпожа Джаксън и сина ѝ. Винаги е била **любопитна за** него, тъй като никога преди не го е виждала. Госпожа Джаксън ѝ беше казала, че той живее в града и работи като лекар. Когато на следващия ден Лайла пристигна в дома на госпожа Джаксън, тя се изненада, като видя колко **красив** е синът ѝ.

Той се представи като Джеймс и всички седнаха да вечерят заедно. Разговорът вървеше лесно и Лайла откри, че **компанията** му ѝ доставя огромно

Olio di rosa

Il profumo dolce e floreale dell'olio di rose riempiva l'aria mentre Lila lavorava nel suo giardino. Amava il profumo delle rose e si assicurava sempre di avere qualche goccia di **olio** sulle mani quando le lavorava. Era una delle cose che preferiva dell'estate. Mentre potava un cespuglio, sentì qualcuno che la chiamava per nome. Sembrava la sua vicina, la signora Jackson. Lila si alzò e si pulì le mani sul grembiule prima di avvicinarsi alla recinzione che separava le loro proprietà. "Salve, signora Jackson", disse con calore. "Cosa posso fare per lei?" Volevo solo farle sapere che **domani** mio figlio sarà in città per una visita e mi chiedevo se le andasse di venire a cena da noi". Lila era entusiasta di cenare con la signora Jackson e suo figlio. Era sempre stata **curiosa** di conoscerlo, visto che non l'aveva mai visto prima. La signora Jackson le aveva detto che viveva in città e lavorava come medico. Quando Lila arrivò a casa della signora Jackson il giorno dopo, rimase sorpresa nel vedere quanto fosse **bello** suo figlio.

Si presentò come James e si sedettero tutti insieme a cena. La conversazione scorreva facilmente e Lila si trovò ad apprezzare immensamente la sua **compagnia**. Dopo cena, James chiese se poteva accompagnare Lila a casa. Lei accettò con entusiasmo e si congedarono

удоволствие. След вечеря Джеймс попита дали може да придружи Лайла до дома. Тя прие с нетърпение и двамата се сбогуваха с госпожа Джаксън. Докато вървяха, Джеймс потърси ръката на Лайла и я стисна нежно. Когато стигнаха до вратата, той се наведе и я целуна леко по устните. Това беше перфектният край на една перфектна **вечер**. Лайла и Джеймс започнаха да се виждат редовно. Тя беше влюбена до уши в него, а той, изглежда, изпитваше същите чувства към нея. Прекарваха часове в разговори, разхождаха се ръка за ръка из парка или просто седяха в прегръдките си. Беше перфектно. Един ден Джеймс изневиделица каза на Лайла, че трябва да напусне града за няколко седмици по работа. Тя беше **разочарована,** но разбра. Лайла отброи дните до завръщането на Джеймс. Той ѝ липсваше ужасно и нямаше търпение да го види отново. В деня, в който той трябваше да се върне, тя отиде да го посрещне на гарата. Но когато **влакът пристигна,** от Джеймс нямаше и следа.

dalla signora Jackson. Mentre camminavano, James prese la mano di Lila e la strinse delicatamente. Quando arrivarono davanti alla porta di casa, lui si avvicinò e la baciò leggermente sulle labbra. Fu la fine perfetta di una **serata** perfetta. Lila e James iniziarono a vedersi regolarmente. Lei era innamoratissima di lui e lui sembrava provare la stessa cosa per lei. Passavano ore a parlare, a passeggiare mano nella mano nel parco o semplicemente a sedersi l'uno nelle braccia dell'altra. Era tutto perfetto. Un giorno, all'improvviso, James disse a Lila che doveva lasciare la città per qualche settimana per lavoro. Lei era **delusa**, ma capiva. Lila contò i giorni che mancavano al ritorno di James. Le mancava terribilmente e non vedeva l'ora di rivederlo. Il giorno in cui doveva tornare, andò ad incontrarlo alla stazione ferroviaria. Ma quando il **treno arrivò**, di James non c'era traccia.

Въпроси за разбиране

1. Какво прави главният герой, когато усеща мирис на рози?

2. Кого чува Лила да я вика по име?

3. Кое е нещото, което интересува Лайла за сина на госпожа Джаксън?

4. Какво чувства Лайла към Джеймс след вечерята?

5. Защо Джеймс трябва да напусне града?

6. Как се чувства Лайла, когато Джеймс не й се обажда?

7. Какво прави Лайла, когато й липсва Джеймс?

8. Какво намира Лила, когато отваря една от бутилките с розово масло?

9. Как се чувства Лайла, след като прочита бележката?

10. Вижда ли Лайла отново Джеймс?

Domande di comprensione

1. Cosa fa la protagonista quando sente il profumo delle rose?

2. Chi sente Lila chiamare il suo nome?

3. Qual è una cosa che Lila è curiosa di sapere sul figlio della signora Jackson?

4. Cosa prova Lila nei confronti di James dopo la cena?

5. Perché James deve lasciare la città?

6. Come si sente Lila quando non ha notizie di James?

7. Cosa fa Lila quando le manca James?

8. Cosa trova Lila quando apre una delle bottiglie di olio di rose?

9. Come si sente Lila dopo aver letto il biglietto?

10. Lila rivedrà mai James?

Черно море

Черно море е място, изпълнено с мистерии и легенди. В продължение на векове то е било източник на очарование за мореплаватели и изследователи. Твърди се, че морето е дом на **странни** същества и изгубени цивилизации. Някои казват, че то е прокълнато, а други вярват, че крие огромна сила и съкровища. Никой не знае със сигурност какво се крие под тъмните му води. През последните години Черно море се превърна в **популярна** дестинация за туристите, които търсят приключения. Морето е известно с коварните си метеорологични условия и опасни течения. Много хора са се удавили във водите му или са изчезнали, след като са навлезли твърде далеч от брега. Въпреки рисковете, има хора, които са привлечени от тъмния **чар на** морето. Те идват в търсене на вълнения и приключения, надявайки се да намерят нещо, което не могат да намерят никъде другаде по света. В този конкретен ден морето беше тихо и спокойно на вид, сякаш нищо зловещо не се криеше под **повърхността** му.

Група приятели бяха наели лодка и плаваха в открито море с изследователска мисия. Когато се отдалечили от сушата, те започнали да се чувстват

Il Mar Nero

Il Mar Nero è un luogo di mistero e leggenda. Per secoli è stato fonte di fascino per marinai ed esploratori. Si dice che il mare ospiti **strane** creature e civiltà perdute. Alcuni dicono che sia maledetto, mentre altri credono che contenga grandi poteri e tesori. Nessuno sa con certezza cosa si celi sotto le sue acque scure. Negli ultimi anni, il Mar Nero è diventato una destinazione **popolare** per i turisti in cerca di avventura. Il mare è noto per le sue condizioni meteorologiche insidiose e le correnti pericolose. Molte persone sono annegate nelle sue acque o sono scomparse dopo essersi allontanate troppo dalla riva. Nonostante i rischi, c'è chi è attratto dal **fascino** oscuro del mare. Vengono in cerca di emozioni e avventure, sperando di trovare qualcosa che non possono trovare in nessun'altra parte del mondo. In questa giornata particolare, il mare era calmo e dall'aspetto tranquillo, come se nulla di sinistro si nascondesse sotto la sua **superficie**.

Un gruppo di amici aveva affittato una barca e stava navigando in mare aperto per una missione di esplorazione. Man mano che si allontanavano dalla terraferma, cominciavano a sentirsi a disagio per il fatto di trovarsi così al largo senza nessuno intorno a loro. All'improvviso, il cielo si oscurò,

неспокойни, че се намират толкова далеч в морето и няма никой около тях. Изведнъж небето над тях потъмняло, тъй като бързо се появили буреносни облаци. Засилили се **силни** ветрове, които вдигали вълни, заплашващи да преобърнат малкия им кораб. Приятелите се борели смело със стихията, но накрая се предали на изтощението. Лодката им се носела безцелно, докато най-накрая не заседнала на непознат остров. Докато изследват новата **обстановка,** приятелите откриват, че островът е покрит със странни символи и надписи. Откриват и древни руини, които изглежда датират от векове. Скоро става ясно, че не са сами на острова. Започват да виждат странни **същества, които** се крият в сенките и ги наблюдават със зловещи очи. Приятелите разбрали, че са се натъкнали на нещо наистина магическо и загадъчно.

Трябваше да бъдат внимателни, ако искаха да се измъкнат живи от **острова.** С настъпването на нощта съществата стават все по-смели и започват да се приближават към приятелите. Те се уплашиха, но не искаха да покажат слабост. Изведнъж едно от съществата нададе силен писък и ги нападна. Останалите последвали примера му и скоро приятелите били **заобиколени от** заплашителните същества. Точно когато изглеждаше, че ще бъдат нападнати, в небето се появи ярка светлина и **изплаши** съществата.

mentre le nuvole temporalesche si avvicinavano rapidamente. Si alzarono **forti** venti che sollevarono onde che minacciavano di rovesciare la loro piccola imbarcazione. Gli amici lottarono coraggiosamente contro gli elementi, ma alla fine cedettero alla stanchezza. La loro barca andò alla deriva senza meta finché non si arenò su un'isola sconosciuta. Esplorando il nuovo **ambiente**, gli amici scoprirono che l'isola era ricoperta di strani simboli e scritte. Scoprirono anche antiche rovine che sembravano risalire a secoli fa. Ben presto fu chiaro che non erano soli sull'isola. Cominciarono a vedere strane **creature** in agguato nell'ombra, che li osservavano con occhi inquietanti. Gli amici sapevano di essersi imbattuti in qualcosa di veramente magico e misterioso.

Dovevano stare attenti se volevano lasciare l'**isola** vivi. Quando iniziò a calare la notte, le creature divennero più audaci e iniziarono ad avvicinarsi agli amici. Erano terrorizzati, ma non volevano mostrare debolezza. All'improvviso, una delle creature emise un forte grido e li caricò. Le altre seguirono l'esempio e ben presto gli amici furono **circondati dagli** esseri minacciosi. Proprio quando sembrava che stessero per essere attaccati, una luce brillante apparve nel cielo e **spaventò** le creature.

Въпроси за разбиране

1. Какво представлява Черно море?

2. От колко века Черно море е източник на очарование?

3. За кое място се казва, че е дом на Черно море?

4. Какво е проклятието на Черно море?

5. Какво притежава Черно море?

6. В какво се е превърнало Черно море през последните години?

7. С какво е известно морето?

8. Колко души са изчезнали, след като са навлезли твърде далеч от брега?

9. Какво търсят онези, които са привлечени от тъмната съблазън на морето?

10. Какво откриват приятелите, когато изследват новата си среда?

Domande di comprensione

1. Di che cosa è fatto il Mar Nero?

2. Per quanti secoli il Mar Nero è stato fonte di fascino?

3. Cosa si dice che sia la patria del Mar Nero?

4. Qual è la maledizione del Mar Nero?

5. Che cosa contiene il Mar Nero?

6. Cosa è diventato il Mar Nero negli ultimi anni?

7. Per cosa è conosciuto il mare?

8. Quante persone sono scomparse dopo essersi allontanate troppo dalla costa?

9. Cosa cercano coloro che sono attratti dal fascino oscuro del mare?

10. Che cosa hanno trovato gli amici quando hanno esplorato il loro nuovo ambiente?

Вино

Първият път, когато пих вино, беше на сватбата ми. И двамата със **съпруга** ми бяхме притеснени, така че всеки от нас отпи по глътка, за да успокои нервите си. Вкусът не приличаше на нищо, което бях изпитвала досега. Беше сладък и плодов, с дъбова нотка, която оставаше на небцето. И двамата се съгласихме, че това е най-доброто вино, което някога сме опитвали. Оттогава опитваме различни вина от цял свят. Открихме някои, които ни харесват повече от други, но винаги има какво ново да **открием**. Виното се превърна в едно от любимите ни неща, които споделяме заедно. Независимо дали се наслаждаваме на чаша с вечерята или споделяме бутилка по специален повод, това винаги е **приятно** преживяване.

Тази вечер ще опитаме ново вино, което нямахме търпение да опитаме. Това е червено вино от Италия, което ни препоръча наш приятел. Наливаме си по една **чаша** и отпиваме по глътка. Ароматът е богат и сложен, с нотки на череша и шоколад. И двамата се усмихваме одобрително. Докато продължаваме да пием, започваме да се чувстваме **по-спокойни** и щастливи. Разговорът върви лесно, докато споделяме истории и се смеем

Vino

La prima volta che ho bevuto del vino è stato al mio matrimonio. Io e mio **marito** eravamo entrambi nervosi, così ne abbiamo bevuto un sorso per calmarci. Il sapore era diverso da qualsiasi cosa avessi mai provato prima. Era dolce e fruttato, con una nota di quercia che rimaneva sul palato. Concordammo entrambi che era il miglior vino che avessimo mai assaggiato. Da allora, abbiamo provato diversi vini da tutto il mondo. Ne abbiamo trovati alcuni che ci piacciono più di altri, ma c'è sempre qualcosa di nuovo da **scoprire**. Il vino è diventato una delle nostre cose preferite da condividere insieme. Che si tratti di un bicchiere a cena o di una bottiglia in un'occasione speciale, è sempre un'esperienza **piacevole**.

Stasera proviamo un nuovo vino che non vedevamo l'ora di provare. È un vino rosso italiano che ci ha consigliato un amico. Ci versiamo un **bicchiere** e ne beviamo un sorso. Il sapore è ricco e complesso, con note di ciliegia e cioccolato. Entrambi sorridiamo di approvazione. Continuando a bere, iniziamo a sentirci più **rilassati** e felici. La conversazione scorre facilmente, mentre condividiamo storie e ridiamo insieme. Finiamo la bottiglia in poco tempo, sentendoci soddisfatti e appagati. È stata un'altra grande scoperta

заедно. Не след дълго завършваме бутилката, чувствайки се доволни и удовлетворени. Това беше още едно чудесно откритие благодарение на любовта ни към виното. Един ден решихме да отидем на обиколка за дегустация на вино в нашия местен район. Посетихме няколко **винарни** и дегустирахме различни вина. Някои от тях бяха добри, други - не толкова, но всичко това беше част от преживяването. В един момент се озовахме пред голяма **бъчва с** червено вино.

Собственикът ни каза, че това е тяхната специална резерва и ни предложи да опитаме. Първоначално се поколебахме, тъй като беше доста скъпо, но после решихме да го вземем. Ароматът беше невероятен! Беше гладка и плътна, с точното количество **сладост**. В крайна сметка си купихме бутилка, за да я вземем със себе си вкъщи.
С нарастването на колекцията ни от вина се увеличават и знанията ни за тях. Научаваме за **различните** сортове грозде и как те влияят на вкуса на виното. Експериментираме с комбинации с храни и откриваме нови любими вина. Виното се превърна в нещо повече от просто нещо, което пием; то е нещо, което ни харесва да **научаваме** и изследваме заедно.

grazie al nostro amore per il vino. Un giorno decidemmo di fare un tour di degustazione di vini nella nostra zona. Visitammo diverse **cantine** e assaggiammo vari vini. Alcuni erano buoni, altri meno, ma tutto faceva parte dell'esperienza. A un certo punto, ci siamo trovati davanti a una grande **botte** di vino rosso.

Il proprietario ci ha detto che si trattava della loro riserva speciale e ci ha offerto un assaggio. All'inizio abbiamo esitato, dato che era piuttosto costoso, ma poi abbiamo deciso di assaggiarlo. Il sapore era incredibile! Era morbido e corposo, con la giusta dose di **dolcezza**. Alla fine abbiamo comprato una bottiglia da portare a casa. Man mano che la nostra collezione di vini cresce, cresce anche la nostra conoscenza del vino. Impariamo a conoscere le **diverse** varietà di uva e a capire come influiscono sul sapore del vino. Sperimentiamo abbinamenti con il cibo e scopriamo nuovi gusti lungo il percorso. Il vino è diventato qualcosa di più di una semplice bevanda: è qualcosa che ci piace **conoscere** ed esplorare insieme.

Въпроси за разбиране

1. Какво е направил съпругът на авторката на сватбата им?

2. Какво е мнението на автора за виното, което са пили на сватбата си?

3. С какво се занимават авторката и съпругът ѝ след сватбата си?

4. Какво правят авторката и съпругът ѝ тази вечер?

5. Какво казва собственикът на винарната на авторката и нейния съпруг?

6. Какво е мнението на автора и съпруга му за виното, което са опитали?

7. Какво са купили авторката и съпругът ѝ от винарната?

8. Как се е променила връзката на автора с виното, след като за първи път го е опитал?

9. Какво е правил авторът по време на обиколката си с дегустация на вино?

10. В какво се е превърнало виното за тях, казва авторът?

Domande di comprensione

1. Che cosa ha fatto il marito dell'autrice al loro matrimonio?

2. Cosa pensava l'autore del vino che hanno bevuto al loro matrimonio?

3. Cosa hanno fatto l'autrice e il marito dopo il matrimonio?

4. Cosa fanno stasera l'autrice e il marito?

5. Cosa disse il proprietario dell'azienda vinicola all'autrice e al marito?

6. Cosa pensano l'autrice e il marito del vino che hanno assaggiato?

7. Cosa hanno comprato l'autrice e il marito dall'azienda vinicola?

8. Come è cambiato il rapporto dell'autore con il vino da quando l'ha provato per la prima volta?

9. Cosa ha fatto l'autore durante il tour di degustazione dei vini?

10. Cosa dice l'autore che il vino è diventato per loro?

Минерални извори

Госпожа Сондърс винаги е обичала да ходи на изворите. Като дете тя прекарвала часове в игри в хладната вода с приятелите си. Отиваше там, за да прочисти съзнанието си и да се откъсне за малко от ежедневието. точно от това се нуждаеше в момента; малко време за себе си в климатичната система на природата! Когато госпожа Сондърс се приближи до изворите, тя видя, че нещо е различно. Обикновено бистрата вода беше **мътна** и кафява, а във въздуха се носеше неприятна миризма. Не искаше да повярва, но знаеше какво се е случило - някой беше замърсил изворите! Тя седна на близката скала и се почувства обезверена. Това място винаги е било нейното **щастливо** място, но сега беше разрушено. Кой би могъл да направи такова нещо? И защо? Точно тогава тя чу гласове, идващи от другата страна на извора. Изглеждаше, че двама мъже **спорят** за нещо.

Мисис Сондърс се приближи, за да може да чуе какво си говорят. "Казвам ви, че трябва да се отървем по някакъв начин от това замърсяване!" - каза гневно един от мъжете. "И как предлагате да направим това?" - скептично отговори **спътникът** му. "Не знам... но ако не направим нещо скоро,

Sorgenti minerali

La signora Saunders ha sempre amato andare alle sorgenti. Da bambina, passava ore a giocare nell'acqua fresca con i suoi amici. Ci andava per schiarirsi le idee e per staccare un po' dalla vita **di tutti i giorni**. Proprio quello di cui aveva bisogno adesso: un po' di tempo per se stessa nel sistema di climatizzazione della natura! Avvicinandosi alle sorgenti, la signora Saunders si accorse che c'era qualcosa di diverso. L'acqua, di solito limpida, era **torbida** e marrone e nell'aria c'era un odore sgradevole. Non voleva crederci, ma sapeva cosa era successo: qualcuno aveva inquinato le sorgenti! Si sedette su una roccia vicina, sentendosi sgonfia. Questo posto era sempre stato il suo luogo **felice**, ma ora era rovinato. Chi poteva aver fatto una cosa del genere? E perché? In quel momento sentì delle voci provenire dall'altro lato della sorgente. Sembrava che due uomini stessero **discutendo** di qualcosa.

La signora Saunders si avvicinò per poter ascoltare quello che dicevano. "Vi dico che dobbiamo sbarazzarci di questo inquinamento in qualche modo!", disse arrabbiato uno degli uomini. "E come proponi di farlo?", rispose scettico il suo **compagno**. "Non lo so... ma se non facciamo qualcosa al più presto, l'intera città ne

целият град ще пострада." "Добре" - въздъхна неохотно другият мъж. Но още сега ти казвам, че какъвто и безумен план да измислиш - няма да го направя!" С това двамата мъже си тръгнаха, оставяйки госпожа Сондърс отново сама с **мислите** си. Цяла нощ госпожа Сондърс не можеше да изхвърли от главата си думите на тези мъже. Колкото повече мислеше за тях, толкова повече се **ядосваше.** За кого се мислеха те, като седяха и не правеха нищо, докато любимите им извори се превръщаха в помийна яма? Е, тя нямаше да се примири с това!

На следващия ден, въоръжена с кофа и гъба, тя тръгна към изворите, решена да ги почисти сама, ако никой друг не го направи. Отнело й часове изтощителна работа в жегата, но до **залез слънце** госпожа Сондърс успяла да направи някои малки подобрения. Окуражена от постигнатия напредък, госпожа Сондърс се прибра у дома, като се зарече да се връща всеки ден, докато не свърши работата. Бавно, но сигурно в **Минерал** Спрингс се разчуло за това, което г-жа Сондърс правела, и не след дълго хората също започнали да се присъединяват. Всяка сутрин групи от **жители на града** се събирали при изворите, въоръжени с **кофи,** готови за поредния работен ден... и постепенно, но сигурно, нещата започнали да се подобряват.

risentirà". "Va bene", sospirò l'altro uomo con riluttanza. Ma ti dico subito che qualsiasi piano folle ti venga in mente, non lo farò!". Con ciò, entrambi gli uomini se ne andarono per la loro strada, lasciando la signora Saunders ancora una volta sola con i suoi **pensieri**. La signora Saunders non riuscì a togliersi dalla testa le parole di quegli uomini per tutta la notte. Più ci pensava, più si **arrabbiava**. Chi si credevano di essere, se ne stavano seduti senza far nulla mentre le loro amate sorgenti si trasformavano in una fogna? Ebbene, non aveva intenzione di accettare la cosa **con leggerezza**!

Il giorno dopo, armata di secchio e spugna, si recò alle sorgenti, decisa a pulirle lei stessa se nessun altro l'avesse fatto. Ci vollero ore di lavoro massacrante nel caldo soffocante, ma al **tramonto la** signora Saunders era riuscita a fare qualche piccolo miglioramento. Incoraggiata dai suoi progressi, la signora Saunders tornò a casa, ripromettendosi di tornare ogni giorno fino alla fine del lavoro. Lentamente ma inesorabilmente, in tutta **Mineral** Springs si sparse la voce di ciò che la signora Saunders stava facendo e, in breve tempo, anche la gente iniziò a partecipare. Ogni mattina, gruppi di **abitanti della città** si riunivano alle sorgenti armati di **secchi** pronti per un'altra giornata di lavoro... e gradualmente, ma inesorabilmente, le cose cominciarono a migliorare.

Въпроси за разбиране

1. Какво прави госпожа Сондърс, когато чува, че мъжете се карат?

2. Какво беше различното в изворите, когато пристигна г-жа Сондърс?

3. Защо госпожа Сондърс е почувствала нуждата сама да почисти пружините?

4. Как са реагирали хората, когато са разбрали какво прави г-жа Сондърс?

5. Колко време отне на госпожа Сондърс да почисти пружините?

6. Какъв е резултатът от усилията на г-жа Сондърс?

7. Какво си казаха мъжете, преди да тръгнат по своя път?

8. Какво направи госпожа Сондърс, когато се прибра у дома?

9. Какво обещава да направи г-жа Сондърс?

10. Каква е общата реакция на жителите на града, когато виждат, че изворите отново са чисти?

Domande di comprensione

1. Cosa fa la signora Saunders quando sente gli uomini litigare?

2. Cosa c'era di diverso nelle sorgenti quando è arrivata la signora Saunders?

3. Perché la signora Saunders ha sentito il bisogno di pulire le sorgenti da sola?

4. Come reagirono le persone quando scoprirono cosa stava facendo la signora Saunders?

5. Quanto tempo ha impiegato la signora Saunders per pulire le molle?

6. Qual è stato il risultato degli sforzi della signora Saunders?

7. Cosa si dissero gli uomini prima di prendere strade diverse?

8. Che cosa ha fatto la signora Saunders quando è tornata a casa?

9. Che cosa ha promesso di fare la signora Saunders?

10. Qual è stata la reazione collettiva degli abitanti della città quando hanno visto le sorgenti tornare limpide?

Планините Витоша

Слънцето току-що бе надникнало над **хоризонта и** хвърляше розово-оранжево сияние върху планината Витоша. Птичките пееха, а катеричките си бъбреха, докато се занимаваха със сутрешните си дела. Всичко на света беше наред, с изключение на едно малко нещо. В далечината, от другата страна на **долината,** се събираше тъмен облак. Той не беше естествен - това беше ясно от размера и скоростта му. Нещо идваше и не изглеждаше добре. Животните също можеха да го усетят. Те замълчаха, докато гледаха **приближаването на** облака, а сърцата им се свиваха от **страх**.

Дори и най-смелите сред тях знаеха, че не могат да се преборят с това - каквото и да беше, то беше голямо, мощно и **опасно**. Когато облакът достигна до тях, те видяха какво всъщност представлява: огромно стадо препускащи коне! Очите им бяха обезумели от ужас, докато те преминаваха с гръм и трясък, оставяйки след себе си следа от прах и разрушения. Животните изпаднаха в **паника**. Не знаеха какво да правят и къде да отидат. Някои от тях побягнаха към безопасното място в гората, а други се скриха в хралупи и **пещери с** надеждата, че ще бъдат пощадени. Но конете не се интересуваха

Monti Vitosha

Il sole aveva appena iniziato a fare capolino all'**orizzonte**, proiettando un bagliore rosa e arancione sulle montagne di Vitosha. Gli uccelli cantavano e gli scoiattoli chiacchieravano mentre facevano i loro bisogni mattutini. Tutto andava bene nel mondo, tranne una piccola cosa. In lontananza, dall'altra parte della **valle**, si stava addensando una nuvola scura. Non era naturale - questo era chiaro dalle sue dimensioni e dalla sua velocità. Stava arrivando qualcosa e non prometteva nulla di buono. Anche gli animali lo percepivano. Si ammutolirono mentre guardavano la nube **avvicinarsi**, con il cuore che batteva per la **paura**.

Anche i più coraggiosi sapevano che si trattava di qualcosa contro cui non potevano combattere: qualunque cosa fosse, era grande, potente e **pericolosa**. Quando la nube li raggiunse, poterono vedere cosa fosse in realtà: un'enorme mandria di cavalli imbizzarriti! I loro occhi erano terrorizzati mentre sfrecciavano, lasciandosi dietro una scia di polvere e distruzione. Gli animali erano nel **panico**. Non sapevano cosa fare o dove andare. Alcuni corsero verso la sicurezza della foresta, mentre altri si nascosero in tane e **grotte**, sperando di essere risparmiati. Ma ai cavalli non importava chi si

от това кой се крие и кой бяга. Те имаха мисия да унищожат всичко по пътя си! Дърветата бяха изкоренени, **скалите -** разбити, а малките същества - стъпкани. Нямаше спасение от яростта им.

Както внезапно се бяха появили, конете отново изчезнаха в далечината, оставяйки след себе си следи от разруха. Животните бавно излязоха от скривалищата си, треперещи от страх от това, на което току-що бяха станали свидетели. Това беше **нещо, което** те никога нямаше да забравят - събитие, което щеше да промени живота им завинаги. Животните знаеха, че трябва да предупредят останалите. Това беше нещо голямо и лошо и идваше за всички тях. Затова те разпространиха информацията надлъж и нашир, докато всяко **същество** в гората научи за препускащите коне. Някои от тях искаха да останат и да се бият, но бързо разбраха, че няма как да победят срещу такава сила. Вместо това те побягнаха. **Разпръснаха се** по вятъра, бягайки колкото се може по-бързо към безопасността. Може би някой ден ще се върнат, но засега единствената им цел беше да **оцелеят**.

nascondeva e chi scappava. Erano in missione per distruggere tutto ciò che incontravano sul loro cammino! Gli alberi venivano sradicati, le **rocce** frantumate e le piccole creature calpestate. Non c'era scampo alla loro furia.

All'improvviso, come erano apparsi, i cavalli sparirono di nuovo in lontananza, lasciandosi dietro una scia di devastazione. Gli animali uscirono lentamente dai loro nascondigli, tremando di paura per ciò a cui avevano appena assistito. Era **qualcosa** che non avrebbero mai dimenticato, un evento che avrebbe cambiato le loro vite per sempre. Gli animali sapevano che dovevano avvertire gli altri. Si trattava di qualcosa di grande e cattivo, che stava arrivando per tutti loro. Così sparsero la voce in lungo e in largo, finché ogni **creatura** della foresta seppe dei cavalli in fuga. Alcuni di loro volevano rimanere a combattere, ma capirono subito che non c'era modo di vincere contro una tale forza. Così, invece, fuggirono. Si **dispersero** nel vento, correndo il più velocemente possibile verso la salvezza. Forse un giorno sarebbero tornati, ma per ora il loro unico obiettivo era la **sopravvivenza**.

Въпроси за разбиране

1. Какъв беше тъмният облак, който животните видяха в далечината?

2. Какво направиха животните, когато видяха препускащите коне?

3. Защо животните са избягали?

4. Как са се отразили на животните препускащите коне?

5. Какво направиха животните, след като конете си тръгнаха?

6. Каква е била целта на животните?

7. Как мислите, какво са си помислили животните, когато са видели конете?

8. Мислите ли, че животните ще се върнат? Защо или защо не?

9. Какво бихте направили, ако бяхте на мястото на животните?

10. Какво според вас представляват препускащите коне?

Domande di comprensione

1. Che cos'era la nuvola scura che gli animali vedevano in lontananza?

2. Cosa fecero gli animali quando videro i cavalli in fuga?

3. Perché gli animali sono fuggiti?

4. Che effetto hanno avuto i cavalli in fuga sugli animali?

5. Che cosa hanno fatto gli animali dopo la partenza dei cavalli?

6. Qual era l'obiettivo degli animali?

7. Cosa pensate che abbiano pensato gli animali quando hanno visto i cavalli?

8. Pensate che gli animali torneranno? Perché o perché no?

9. Cosa avreste fatto se foste stati al posto degli animali?

10. Cosa pensate che rappresentino i cavalli in fuga?

Rakiya

Ракия винаги е била **творческо** дете. Тя обичаше да измисля истории и да пее песни. Родителите ѝ насърчавали творчеството ѝ и тя често прекарвала часове в стаята си, потънала в собствения си свят. Един ден родителите на Ракия я водят на представление. Тя за първи път виждала нещо подобно и била запленена от историята. След представлението **родителите на** Ракия я попитали дали не би искала сама да опита да играе. Те я записват в клас по актьорско майсторство и Ракия бързо се влюбва в играта. Ракия започва да участва в местни **театрални** постановки и скоро забелязват таланта ѝ. Тя получава по-големи роли и дори се снима в телевизията. Кариерата ѝ се развива, но Ракия все още намира време за творчески занимания извън актьорската професия: пише разкази, рисува картини и композира песни на **пиано**.

Усеща, че творчеството ѝ помага да се задържи на земята на фона на всички успехи, които постига като актриса. Също така означава, че когато нещата не вървят добре в професионален план, тя винаги може да се обърне към изкуството като форма на себеизразяване и **освобождаване**. С навлизането

Rakiya

Rakiya è sempre stata una bambina **creativa**. Amava inventare storie e cantare canzoni. I suoi genitori incoraggiavano la sua creatività e spesso passava ore nella sua stanza, persa nel suo mondo. Un giorno, i genitori di Rakiya la portarono a vedere uno spettacolo teatrale. Era la prima volta che vedeva qualcosa di simile e rimase affascinata dalla storia. Dopo lo spettacolo, i **genitori** di Rakiya le chiesero se le sarebbe piaciuto provare a recitare. La iscrissero a un corso di recitazione e Rakiya si innamorò rapidamente dello spettacolo. Rakiya ha iniziato a partecipare a produzioni **teatrali** locali e presto ha cominciato a farsi notare per il suo talento. Ottiene ruoli più importanti e lavora anche in televisione. La sua carriera stava decollando, ma Rakiya trovava ancora il tempo per dedicarsi alla creatività al di fuori della recitazione: scriveva storie, dipingeva quadri e componeva canzoni al **pianoforte**.

Sentiva che essere creativi la aiutava a rimanere con i piedi per terra in mezzo a tutto il successo che stava ottenendo come attrice. Inoltre, quando le cose non andavano bene dal punto di vista professionale, poteva sempre ricorrere all'arte come forma di auto-espressione e **sfogo**. Quando Rakiya è entrata nell'età

си в зряла възраст Ракия се насочва към независими филмови проекти, които ѝ позволяват по-голям артистичен контрол, отколкото работата в Холивуд. Тя пише, режисира и участва в няколко успешни **късометражни** филма, които получават одобрението на критиката. Нейната уникална визия и стил ѝ спечелват верни последователи сред кинозрителите, които оценяват да видят нещо различно на екрана. През последните години Ракия започва да експериментира с **технологията за** виртуална реалност като начин да създаде още по-завладяващи преживявания за публиката.

Тя е смятана за един от **най-иновативните** режисьори, работещи днес, и не показва признаци, че скоро ще забави темпото. Последният проект на Ракия е VR преживяване, базирано на собствената ѝ житейска история. Играчът влиза в ролята на Ракия, докато тя се занимава с ежедневните си дейности - от уроци по актьорско майсторство до **работа на** снимачната площадка. Когато играчът навлезе по-дълбоко в играта, той започва да вижда проблясъци от творческия процес на Ракия по време на работа и как тя черпи вдъхновение от заобикалящия я свят. В момента Ракия разработва няколко нови проекта, както в традиционната филмова сфера, така и във VR. Тя продължава да се стреми да разширява границите и да разказва истории, които намират отклик у хората по целия свят.

adulta, si è trovata attratta da progetti cinematografici indipendenti, che le consentivano un maggiore controllo artistico rispetto al lavoro nella Hollywood tradizionale. Ha scritto, diretto e interpretato diversi **cortometraggi** di successo che hanno ottenuto il plauso della critica. La sua visione e il suo stile unici le hanno fatto guadagnare un fedele seguito di spettatori che apprezzavano la possibilità di vedere qualcosa di diverso sullo schermo. Negli ultimi anni, Rakya ha iniziato a sperimentare la **tecnologia** della realtà virtuale per creare esperienze narrative ancora più coinvolgenti per il pubblico.

È considerata una delle registe più **innovative del** momento e non mostra segni di rallentamento a breve. L'ultimo progetto di Rakiya è un'esperienza VR basata sulla storia della sua vita. Il giocatore assume il ruolo di Rakiya mentre svolge le sue attività quotidiane, dalla lezione di recitazione al **lavoro** sul set. Man mano che il giocatore si addentra nel gioco, inizia a vedere scorci del processo creativo di Rakiya al lavoro e di come trae ispirazione dal mondo che la circonda. Rakiya è attualmente impegnata nello sviluppo di diversi nuovi progetti, sia nel cinema tradizionale che nella VR. Il suo impegno è quello di superare i limiti e di raccontare storie che risuonino con le persone di tutto il mondo.

Въпроси за разбиране

1. Как се казва главният герой?

2. Какво са направили родителите на героинята, за да насърчат нейното творчество?

3. Каква е реакцията на главната героиня на пиесата, която родителите ѝ са я завели да види?

4. Защо родителите на главната героиня я записват на курс по актьорско майсторство?

5. Какво прави главният герой, когато не играе?

6. С какви филми предпочита да работи главният герой?

7. Какъв е последният проект на главния герой?

8. Какво може да направи играчът в играта, основана на историята на живота на главния герой?

9. Каква тема се проявява в историята на главния герой?

10. На кого е вдъхновение главният герой?

Domande di comprensione

1. Come si chiama il protagonista?

2. Cosa facevano i genitori della protagonista per incoraggiare la sua creatività?

3. Qual è stata la reazione della protagonista allo spettacolo teatrale che i genitori l'hanno portata a vedere?

4. Perché i genitori della protagonista l'hanno iscritta a un corso di recitazione?

5. Cosa faceva la protagonista quando non recitava?

6. A che tipo di film preferisce lavorare il protagonista?

7. Qual è l'ultimo progetto del protagonista?

8. Cosa può fare il giocatore nel gioco basato sulla storia della vita del protagonista?

9. Quale tema è evidente nella storia del protagonista?

10. A chi si ispira il protagonista?

Траките

Траките били горд и благороден народ. Живеели са в земя, богата на **ресурси, и са** имали силата и числеността да я защитават. Въпреки това земята им била заобиколена от врагове, които винаги търсели възможност да нанесат удар. В резултат на това траките е трябвало да бъдат постоянно нащрек, готови да се бият във всеки един момент. Един ден, докато траките били на **лов,** те попаднали на засада от група разбойници. Бандитите ги превъзхождали числено и бързо ги пленили. **Водачът на** бандитите поискал от траките да предадат всичките си ценности, иначе ще ги убие.

Траките отказали да се подчинят на исканията му и затова вождът заповядал на хората си да започнат да ги убиват един по един. Първите няколко **жертви** молели за милост, но скоро разбрали, че няма да получат такава от похитителите си. С падането на всеки тракиец останалите ставали все по-решителни да не се отказват от имуществото и живота си без бой. Накрая водачът на разбойниците се уморил да чака и **заповядал на** хората си да избият всички траки. Докато умирали, траките знаели, че са загинали с чест и че имената им ще бъдат **запомнени** завинаги от народа им. Новината за

I Traci

I Traci erano un popolo fiero e nobile. Vivevano in una terra ricca di **risorse** e avevano la forza e i numeri per difenderla. Tuttavia, la loro terra era anche circondata da nemici che cercavano sempre un'occasione per colpire. Di conseguenza, i Traci dovevano stare costantemente in guardia, pronti a combattere in qualsiasi momento. Un giorno, mentre i Traci erano a **caccia**, caddero in un'imboscata di un gruppo di banditi. I banditi li superarono in numero e li fecero rapidamente prigionieri. Il **capo** dei banditi pretese che i Traci consegnassero tutti i loro oggetti di valore o li avrebbe uccisi tutti.

I Traci si rifiutarono di cedere alle sue richieste e così il capo ordinò ai suoi uomini di iniziare a ucciderli uno per uno. Le prime **vittime** implorarono pietà, ma presto si resero conto che i loro rapitori non ne avrebbero avuta. Man mano che ogni trace cadeva, quelli rimasti diventavano sempre più determinati a non rinunciare ai loro beni o alla loro vita senza combattere. Alla fine, il capo dei banditi si stancò di aspettare e **ordinò ai** suoi uomini di uccidere tutti i Traci. Mentre giacevano morenti, i Traci sapevano di essere morti con onore e che i loro nomi sarebbero stati **ricordati** per sempre dal loro popolo. La notizia della morte dei Traci si diffuse

смъртта на траките се разпространява бързо и скоро враговете им са на прага им, като искат да предадат всичките си **ресурси**.

Траките отказали и се сражавали храбро срещу **огромното превъзходство**. В крайна сметка те побеждават и прогонват враговете си. Траките са платили висока цена за победата си, но са показали, че са сила, с която трябва да се съобразяват. Тяхната **смелост** и решителност ще се помнят от идните поколения. Траките най-накрая са могли да живеят в мир и благоденствие. Земята им процъфтяваше, а **народът** им благоденстваше. Споменът за загиналите им другари ги вдъхновявал да бъдат винаги готови да защитават дома си и начина си на живот. Траките се превърнали в **легенда**.

rapidamente e presto i loro nemici furono alle loro porte, chiedendo di consegnare tutte le loro **risorse**.

I Traci si rifiutarono e combatterono coraggiosamente contro le avversità **più forti**. Alla fine, furono vittoriosi e scacciarono i loro nemici. I Traci avevano pagato a caro prezzo la loro vittoria, ma avevano dimostrato di essere una forza da tenere in considerazione. Il loro **coraggio** e la loro determinazione sarebbero stati ricordati per le generazioni a venire. I Traci poterono finalmente vivere in pace e prosperità. La loro terra fiorì e il loro **popolo** prosperò. Il ricordo dei loro compagni caduti li ispirò a essere sempre pronti a difendere la loro casa e il loro stile di vita. I Traci erano diventati una **leggenda**.

Въпроси за разбиране

1. Кои са били траките?

2. Къде са живели траките?

3. Защо траките е трябвало да бъдат постоянно нащрек?

4. Какво се случило, когато траките били на лов?

5. Кой нападна траките от засада?

6. Какво поиска водачът на разбойниците?

7. Какво се случи, когато траките отказаха да се подчинят на исканията?

8. Кога траките разбрали, че ще бъдат запомнени завинаги?

9. Какъв е резултатът от борбата на траките с техните врагове?

10. Защо траките са легенда?

Domande di comprensione

1. Che cosa erano i Traci?

2. Dove vivevano i Traci?

3. Perché i Traci dovevano stare costantemente in guardia?

4. Cosa succedeva quando i Traci erano a caccia?

5. Chi tese l'imboscata ai Traci?

6. Cosa chiese il capo dei banditi?

7. Cosa accadde quando i Traci si rifiutarono di cedere alle richieste?

8. Quando i Traci seppero che sarebbero stati ricordati per sempre?

9. Quale fu l'esito della lotta dei Traci contro i loro nemici?

10. Perché i Traci erano una leggenda?

Пловдив

Град Пловдив е оживен **метрополис, изпълнен с** живот и енергия. Това е място, където всичко може да се случи. Един ден млада жена на име София решава да се премести в Пловдив, за да започне на чисто. Тя е преминала през трудни моменти и е готова за промяна. Когато пристига в **града,** тя веднага се влюбва в него. Всичко е толкова ново и вълнуващо за нея. София бързо се сприятелява и започва да изследва всичко, което градът може да предложи. Тя открива скрити съкровища, като малки **кафенета,** закътани в уличките, или тайни градини на покривите с прекрасна гледка към хоризонта. Всеки ден в Пловдив е приключение. В крайна сметка София се влюбва до уши в града - точно толкова, колкото и той **в** нея.

София живееше в Пловдив от няколко месеца и **много** й харесваше. Харесваше й енергията на града; винаги имаше нещо ново за изследване. Един ден София решила да **се** отклони от утъпкания път и да види какво още може да предложи градът. В крайна сметка се озовала в част на града, в която не била ходила преди. Беше малко занемарена и не се случваше много. Но докато София се разхождаше, започна да забелязва всички уникални

Plovdiv

La città di Plovdiv è una **metropoli** vivace, piena di vita e di energia. È un luogo in cui può succedere di tutto e di più. Un giorno, una giovane donna di nome Sofia decide di trasferirsi a Plovdiv per ricominciare da capo. Ha attraversato momenti difficili ed è pronta a cambiare. Quando arriva in **città**, se ne innamora immediatamente. Tutto è così nuovo ed eccitante per lei. Sofia fa subito amicizia e inizia a esplorare tutto ciò che la città ha da offrire. Scopre gemme nascoste, come piccoli **caffè** nascosti nei vicoli o giardini segreti sui tetti con viste mozzafiato sullo skyline. A Plovdiv ogni giorno sembra un'avventura. Alla fine Sofia si innamora perdutamente della città, proprio come lei sembra **innamorarsi** di lei.

Sofia viveva a Plovdiv da qualche mese e le piaceva moltissimo. Le piaceva l'energia della città, c'era sempre qualcosa di nuovo da esplorare. Un giorno Sofia decise di uscire dai sentieri battuti per vedere cos'altro la città aveva da offrire. Finì per ritrovarsi in una zona della città che non aveva mai visitato prima. Era un po' degradata e non c'era molto da fare. Ma mentre Sofia camminava, iniziò a notare tutti i dettagli unici di questo posto che lo rendevano **speciale**. I graffiti sui muri, il modo in cui la gente era

детайли на това място, които го правеха **специално**. Графитите по стените, начинът, по който хората бяха толкова дружелюбни въпреки обстоятелствата... тя осъзна, че сега това е една от любимите ѝ части на Пловдив. С всеки изминал ден София продължаваше да открива все повече и повече причини, поради които обичаше този град. От скритите му съкровища до оживената му култура, в Пловдив имаше нещо, което чувстваше като у дома си. София живееше в Пловдив от известно време и беше **щастлива** да го нарече свой дом.

Обича всичко в града - неговата енергия, разнообразие, скрити съкровища. Един ден София се разхождаше както обикновено, когато се натъкна на група хора, събрани около нещо. Когато се приближила, разбрала, че всички гледат към един **бездомник,** който лежал на земята. Изглеждаше, че е в лошо състояние и не се движи. Без да се замисля повече, София се втурнала да му помогне. Извикала линейка и останала при него, докато пристигне помощ. Оказало се, че той просто имал нужда от храна и почивка, но **добрината на** София се превърнала в заглавие в целия град. От този момент нататък тя става известна като "пловдивския ангел". Годините минават, а София продължава да живее щастливо в Пловдив с приятелите си до себе си.

così amichevole nonostante le circostanze... si rese conto che questa era una delle sue zone preferite di Plovdiv. Ogni giorno Sofia continuava a trovare sempre più motivi per cui amava questa città. Dai suoi tesori nascosti alla sua vibrante cultura, c'era qualcosa in Plovdiv che la faceva sentire a casa. Sofia viveva a Plovdiv già da un po' ed era **felice** di chiamarla casa sua.

Amava tutto della città: la sua energia, la sua diversità, i suoi tesori nascosti. Un giorno, Sofia stava esplorando come al solito quando si imbatté in un gruppo di persone riunite intorno a qualcosa. Avvicinandosi, si rese conto che tutti stavano guardando un **senzatetto** che giaceva a terra. Sembrava in cattive condizioni e non si muoveva. Senza pensarci oltre, Sofia si precipitò ad aiutarlo. Chiamò un'ambulanza e rimase con lui fino all'arrivo dei soccorsi. Si scoprì che aveva solo bisogno di cibo e riposo, ma l'atto di **gentilezza** di Sofia fece notizia in tutta la città. Da quel momento divenne nota come "l'angelo di Plovdiv". Gli anni passarono e Sofia continuò a vivere felicemente a Plovdiv con i suoi amici al fianco.

Въпроси за разбиране

1. Какво мисли София за Пловдив, когато пристига за първи път?

2. Какво прави София, когато се натъква на бездомник в нужда?

3. Как се променя град Пловдив през годините?

4. Какво най-много харесва София в града?

5. Защо София решава да се премести в Пловдив?

6. Какво намира София, когато се отклонява от утъпкания път?

7. Какво мислят приятелите на София за преместването й в Пловдив?

8. Какво мисли София за енергията на града?

9. Какво мисли София за скритите съкровища на града?

10. Какво мисли София за разнообразието в града?

Domande di comprensione

1. Cosa pensa Sofia di Plovdiv al suo arrivo?

2. Cosa fa Sofia quando si imbatte in un senzatetto bisognoso?

3. Come cambia la città di Plovdiv nel corso degli anni?

4. Cosa ama di più Sofia della città?

5. Perché Sofia decide di trasferirsi a Plovdiv?

6. Cosa trova Sofia quando si allontana dal sentiero battuto?

7. Cosa pensano gli amici di Sofia del suo trasferimento a Plovdiv?

8. Cosa pensa Sofia dell'energia della città?

9. Cosa pensa Sofia dei tesori nascosti della città?

10. Cosa pensa Sofia della diversità della città?

На плажа

След изгрев слънце вълните са по-силни, а пясъкът над прилива е бял. Слизам на плажа и **се любувам на** морето и слънцето. Пръстите на краката ми усещат вдлъбнатините на раковините. Пясъкът е студен по пръстите ми. Усмихвам се и продължавам да вървя. Приливът е силен, затова трябва да внимавам да не ме завлече. Вървя покрай брега и се любувам на морето. Изгревът е **красив,** а вълните се разбиват. Чувствам се толкова спокойна. Стигам до едно място, където има скална издатина. Сядам и наблюдавам вълните. Водата е толкова синя, а небето е толкова **оранжево**. Чувствам се като в сън. Затварям очи и просто слушам вълните. Седя там дълго време, докато не чувам някой да ме вика по име.

Отварям очи и виждам майка ми да върви към мен. Лицето ѝ е разтревожено. Усмихвам се и ѝ махам, а тя **се успокоява**. "Чудех се къде си отишъл", казва тя. "Радвам се, че се наслаждаваш на плажа." Отговарям: "Да." "Толкова е красиво тук." "Знам", казва тя. "Когато бях на твоите години, постоянно идвах тук." "Наистина?" Питам я. "Да", отговаря тя. "Това е специално място." "Срещала ли си някога някой специален тук?" Питам. "Срещала съм",

In spiaggia

Dopo l'alba, le onde sono più forti e la sabbia sopra la marea è bianca. Cammino verso la spiaggia, **ammirando** il mare e il sole. Le mie dita dei piedi sentono i solchi delle conchiglie. La sabbia è fredda sulle dita dei piedi. Sorrido e continuo a camminare. La marea è alta, quindi devo fare attenzione a non farmi trascinare. Cammino lungo la riva, ammirando il mare. L'alba è **bellissima** e le onde si infrangono. Mi sento così in pace. Arrivo a un punto in cui c'è una roccia affiorante. Mi siedo e guardo le onde. L'acqua è così blu e il cielo è così **arancione**. Mi sembra di essere in un sogno. Chiudo gli occhi e ascolto le onde. Rimasi seduto lì per molto tempo, finché non sentii qualcuno che chiamava il mio nome.

Apro gli occhi e vedo mia madre che viene verso di me. Ha un'espressione preoccupata. Le sorrido e la saluto, e lei **si rilassa**. "Mi chiedevo dove fossi andata", dice. "Sono contenta che ti stia godendo la spiaggia". Io rispondo: "Lo sto facendo". "È così bello qui". "Lo so", dice. "Venivo sempre qui quando avevo la tua età". "Davvero?" Chiedo. "Sì", risponde. "È un posto speciale". "Hai mai incontrato qualcuno di speciale qui?". Le chiedo. "Sì", risponde sorridendo. "Tuo padre". "Davvero?" Dico, **sorpreso**. "Sì", dice

отговаря тя с усмивка. “Баща ти.” “Наистина?” Казвам **изненадано**. “Да”, казва тя. “Идвахме тук през цялото време заедно. Това е мястото, където се влюбихме. “ Усмихвам се, като **си представям как** родителите ми се влюбват на този красив плаж. “Това е специално място”, повтаря тя. “Радвам се, че дойдохте тук днес.”

Седим там още известно време, **наблюдавайки** вълните и залеза. След това ставаме и се връщаме при плажните си кърпи. Аз лягам и гледам звездите. Чувствам се толкова щастлива и доволна. Вълните вече са по-силни, а пясъкът е студен. Слънцето залязва и духа хладен вятър. Вълните се разбиват в брега, а във въздуха се носи мирис на сол. Това е идеалната вечер за плаж. Разхождам се покрай брега, **слушам** шума на вълните и наблюдавам залеза. Виждам група хора, които седят на пясъка, смеят се и се шегуват. Изглеждат така, сякаш се забавляват. Отивам при тях и ги питам дали мога да се присъединя към тях. Те казват “да” и прекарваме остатъка от вечерта в разговори, смях и гледане на **залеза**. Това е една перфектна вечер. Аз и групата разговаряме, докато слънцето не залезе. Споделяме истории и вицове и всички се забавляваме чудесно. С настъпването на нощта всички започваме да се чувстваме уморени. Целуваме се за **довиждане** и се разделяме. Връщам се в хотела си, чувствайки се щастлив и доволен.

lei. “Venivamo sempre qui insieme. È qui che ci siamo innamorati. “Sorrido, **immaginando i** miei genitori che si innamorano su questa bellissima spiaggia. “È un posto speciale”, ripete. “Sono felice che siate venuti qui oggi”.

Rimaniamo seduti ancora per un po’ a **guardare** le onde e il tramonto. Poi ci alziamo e torniamo ai nostri teli da mare. Mi sdraio e guardo le stelle. Mi sento così felice e soddisfatta. Le onde ora sono più forti e la sabbia è fredda. Il sole sta tramontando e soffia una brezza fresca. Le onde si infrangono sulla riva e nell’aria si sente l’odore del sale. È una serata perfetta per stare in spiaggia. Cammino lungo la riva, **ascoltando** il suono delle onde e guardando il tramonto. Vedo un gruppo di persone sedute sulla sabbia che ridono e scherzano. Sembra che si stiano divertendo molto. Mi avvicino a loro e chiedo se posso unirmi a loro. Mi rispondono di sì e passiamo il resto della serata a parlare, ridere e guardare il **tramonto**. È una serata perfetta. Io e il gruppo parliamo fino al tramonto. Condividiamo storie e battute e ci divertiamo molto. Quando la notte inizia a calare, cominciamo tutti a sentirci stanchi. Ci **salutiamo** con un bacio e ci separiamo. Torno al mio hotel, felice e soddisfatta.

Въпроси за разбиране

1. Къде отива разказвачът, след като се събужда?

2. На какво се възхищава разказвачът, докато се разхожда по плажа?

3. За какво трябва да внимава разказвачът, докато се разхожда по плажа?

4. Къде сяда разказвачът, за да се наслади на гледката?

5. Колко време разказвачът седи там?

6. Кого вижда разказвачът, когато отново отваря очи?

7. Какво казва майката на разказвача?

8. За какво си говорят разказвачът и хората, които среща?

Domande di comprensione

1. Dove va la narratrice dopo essersi svegliata?

2. Che cosa ammira la narratrice mentre cammina lungo la spiaggia?

3. A che cosa deve fare attenzione la narratrice mentre cammina lungo la spiaggia?

4. Dove si siede il narratore per godersi il panorama?

5. Per quanto tempo il narratore rimane seduto lì?

6. Chi vede la narratrice quando riapre gli occhi?

7. Cosa dice la madre del narratore?

8. Di che cosa parlano il narratore e le persone che incontra?

Къмпингуване край езерото

Вървя към езерото и **се любувам на** спокойствието на пейзажа. Слънцето огрява малкото езеро и кара водата да изглежда като стъклен лист. Единственото движение е от време на време, когато някоя риба **се размърда на** повърхността. Дори птиците сякаш си почиват от жегата, а въздухът се изпълва само със звука на цикади. **Изведнъж** спокойствието се нарушава от силен плясък. Голяма **риба** е изскочила от водата, опитвайки се да хване водно конче. Рибата улучава целта си и пада обратно във водата с плясък. "Уау," мисля си, "това беше голяма риба!". Огледах се, за да видя дали някой друг я е видял, но наоколо нямаше никой. Предполагам, че ще трябва да им кажа, когато се върна в лагера.

Горещината е **потискаща** и затруднява дишането. Въздухът е гъст и тежък, като одеяло, увито около вас. Единственото облекчение е във водата. Тя е хладна и освежаваща, като студена напитка в горещ ден. Поемам дълбоко въздух и се гмурвам във водата. Облекчението е незабавно, тъй като хладната вода ме обгръща. Плувам до дъното и после отново се издигам на повърхността, усещайки

Campeggio al lago

Cammino verso il lago, **ammirando** la tranquillità della scena. Il sole batte sul piccolo lago, facendo sembrare l'acqua una lastra di vetro. L'unico movimento è l'increspatura occasionale di un pesce **che rompe** la superficie. Anche gli uccelli sembrano prendersi una pausa dal caldo, con il solo suono delle cicale che riempie l'aria. **All'improvviso**, la pace è rotta da un forte tonfo. Un grosso **pesce** è saltato fuori dall'acqua, cercando di catturare una libellula. Il pesce manca il bersaglio e ricade in acqua con un tonfo. "Wow", penso tra me e me, "quello era un pesce grosso!". Mi guardai intorno per vedere se qualcun altro l'avesse visto, ma non c'era nessuno. Immagino che dovrò raccontarlo quando tornerò al campo.

Il caldo è **opprimente** e rende difficile respirare. L'aria è densa e pesante, come una coperta che ti avvolge. L'unico sollievo è l'acqua. È fresca e rinfrescante, come una bibita fresca in una giornata calda. Faccio un respiro profondo e mi immergo nell'acqua. Il sollievo è immediato quando l'acqua fresca mi circonda. Nuoto fino al fondo e poi risalgo in superficie, sentendo l'acqua rinfrescare il mio corpo. Continuo a **nuotare**

как водата охлажда тялото ми. Продължавам да **плувам** в кръг, наслаждавайки се на почивката от жегата. След известно време излизам от водата и лягам на тревата, за да изсуша тялото си на слънце. Затварям очи и се унасям в сън, а звукът на **цикадите** ме приспива дълбоко. Оставям слънцето да изпече водата от кожата ми. Усещам как кожата ми се зачервява, но не ми пука. Прекалено ми е горещо, за да ми пука.Следващото нещо, което си спомням, е, че слънцето залязва. Небето е красиво оранжево, с розови и лилави ивици. Горещината изчезна, заменена от хладен **бриз**.

Ставам и се обличам, чувствам се освежена и подмладена. **Вдишвам** дълбоко хладния въздух и се усмихвам. Чувствам се добре, че съм жива. Връщам се към лагера, като се любувам на танца на цветовете в небето. В далечината виждам горящия лагерен огън и усещам дима във въздуха. Усмихвам се и **ускорявам** крачка. Готов съм да се отпусна и да се насладя на остатъка от вечерта. Влизам в лагера и виждам, че всички са се събрали около огъня. **Смеят се** и се шегуват, а аз виждам как огънят се отразява в очите им. Усмихвам се и сядам до приятелите си. Хубаво е да се върна. На следващата сутрин се събуждам рано и започвам да събирам нещата си. Нямам търпение да се върна на пътеката и да продължа пътуването си. Сбогувам се с приятелите си и започвам да си тръгвам.

a vasche, godendomi la tregua dal caldo. Dopo un po' esco dall'acqua e mi sdraio sull'erba, lasciando che il sole asciughi il mio corpo. Chiudo gli occhi e mi addormento, mentre il suono delle **cicale** mi culla in un sonno profondo. Lascio che il sole scrosti l'acqua dalla mia pelle. Sento la pelle arrossarsi, ma non mi importa. Sono troppo accaldato per preoccuparmene. Il cielo è di un bellissimo arancione, con striature di rosa e viola. Il caldo è scomparso, sostituito da una fresca **brezza**.

Mi alzo e mi rivesto, sentendomi rinfrescata e ringiovanita. **Respiro** profondamente l'aria fresca e sorrido. È bello essere vivi. Torno al campeggio, ammirando il modo in cui i colori danzano nel cielo. Vedo il fuoco che arde in lontananza e sento l'odore del fumo nell'aria. Sorrido e **accelero il** passo. Sono pronto a rilassarmi e a godermi il resto della serata. Entro nel campeggio e vedo che tutti sono riuniti intorno al fuoco. **Ridono** e scherzano e posso vedere il fuoco riflesso nei loro occhi. Sorrido e mi siedo accanto ai miei amici. È bello essere tornati. La mattina dopo mi sveglio presto e comincio a raccogliere le mie cose. Sono impaziente di riprendere il cammino e continuare il mio viaggio. Saluto i miei amici e mi incammino.

Въпроси за разбиране

1. Къде отива пешеходецът?

2. Какво е времето?

3. Как изглежда водата?

4. Как пешеходецът реагира на топлината?

5. Какво прави рибата?

6. Защо пешеходецът е сам?

7. Какво е усещането за водата?

8. Как се чувства пешеходецът след плуване?

9. По кое време на денонощието се събужда пешеходецът?

10. Къде отива пешеходецът, когато напуска лагера?

Domande di comprensione

1. Dove sta andando il camminatore?

2. Che tempo fa?

3. Che aspetto ha l'acqua?

4. Come reagisce il deambulatore al calore?

5. Cosa sta facendo il pesce?

6. Perché il camminatore è solo?

7. Come si sente l'acqua?

8. Come si sente il camminatore dopo il nuoto?

9. A che ora del giorno si sveglia il deambulatore?

10. Dove va l'ambulante quando lascia il campo?

Къщата

Миналата седмица се преместих в новата си къща и съм толкова **развълнувана**! Тя е много по-голяма от старата ми и има голям двор. Нямам търпение да поканя приятели на барбекю и партита. **Любимата** ми част е новата ми спалня. Тя е толкова голяма и светла и имам много място, където да сложа всичките си вещи. Много съм доволна от новата си къща и мисля, че ще бъда много щастлива тук. Реших да разгледам къщата още малко. Качих се на втория етаж и започнах да си проправям път към кухнята, когато видях голям черен паяк на стената! Изкрещях и побягнах надолу. Бях толкова **уплашена**! Но след няколко минути се успокоих и реших да се върна на горния етаж. Бавно стигнах до кухнята и видях, че паякът го няма. Бях толкова облекчена! Върнах се долу и реших да изляза навън, за да разгледам **задния двор**. Беше толкова голям! Не можех да повярвам. Видях люлка в ъгъла и пързалка. Видях и баскетболна мрежа и **батут**. Бях толкова развълнувана!

Нямам търпение да използвам всички тези нови неща. **Съседите** дойдоха и се представиха. Изглеждаха много мили и си поговорихме известно време. Поканиха ме на барбекюто си следващия

La casa

La settimana scorsa mi sono trasferita nella mia nuova casa e sono così **entusiasta**! È molto più grande di quella vecchia e ha un grande cortile. Non vedo l'ora di invitare gli amici per grigliate e feste. La mia parte **preferita** è la mia nuova camera da letto. È così grande e luminosa e ho molto spazio per mettere tutte le mie cose. Sono molto contenta della mia nuova casa e penso che sarò molto felice qui. Ho deciso di esplorare ancora un po' la casa. Sono salita al secondo piano e ho iniziato a dirigermi verso la cucina quando ho visto un grosso ragno nero sul muro! Ho urlato e sono corsa di sotto. Ero così **spaventata**! Ma dopo qualche minuto mi sono calmata e ho deciso di tornare di sopra. Mi sono avvicinata lentamente alla cucina e ho visto che il ragno non c'era più. Ero così sollevata! Tornai al piano di sotto e decisi di uscire per esplorare il **giardino**. Era così grande! Non potevo crederci. Vidi un'altalena in un angolo e uno scivolo. Vidi anche una rete da basket e un **trampolino**. Ero così eccitato!

Non vedo l'ora di usare tutto questo nuovo materiale. I **vicini sono** venuti e si sono presentati. Sembravano molto gentili e abbiamo parlato per un po'. Mi hanno invitato al loro barbecue il prossimo fine settimana e ho detto che mi sarebbe piaciuto venire. La prima

уикенд и аз казах, че с удоволствие ще дойда. Първата седмица в новата ми къща беше страхотна и се вълнувам от всички нови приключения, които ми предстоят. Днес ще отида отново да изследвам задния двор и ще видя какво още мога да намеря. Кой знае, може би дори ще намеря някакво **съкровище**. Нямам търпение да видя какво ще ми донесе следващата седмица! На следващата седмица отново отидох да изследвам в задния двор и открих **тайна** градина. Тя беше толкова красива! Навсякъде имаше цветя и малко езерце с рибки. Видях и една люлка, която не бях виждала преди. Бях толкова развълнувана да открия тази тайна градина и нямам търпение да я изследвам повече. Беше толкова **красива**!

Навсякъде имаше цветя и малко езерце с рибки. Видях и една люлка, която не бях виждал преди. Бях толкова развълнувана да открия тази тайна градина и нямам търпение да я изследвам повече. Новата ми стая също ми хареса. Тя беше толкова голяма и светла, а по стените вече имаше плакати на любимите ми групи. Дори не ми се наложи да си нося собствени **мебели,** защото тук вече имаше легло, скрин и бюро. Това ще бъде най-хубавата година! Бях малко притеснена, че започвам в ново **училище,** но всичките ми нови съседи са толкова дружелюбни.

settimana nella mia nuova casa è stata fantastica e sono entusiasta di tutte le nuove avventure che mi aspettano. Oggi andrò di nuovo a esplorare il cortile per vedere cos'altro riesco a trovare. Chissà, forse troverò anche un **tesoro**. Non vedo l'ora di vedere cosa mi porterà la prossima settimana! La settimana successiva sono andata di nuovo in esplorazione nel cortile e ho trovato un giardino **segreto**. Era così bello! C'erano fiori dappertutto e un laghetto con i pesci. Ho visto anche un'altalena che non avevo mai visto prima. Ero così entusiasta di aver trovato questo giardino segreto e non vedo l'ora di esplorarlo ancora. Era così **bello**!

C'erano fiori dappertutto e un laghetto con dei pesci. Ho anche visto un'**altalena** che non avevo mai visto prima. Ero così entusiasta di aver trovato questo giardino segreto e non vedo l'ora di esplorarlo meglio. Mi è piaciuta molto anche la mia nuova stanza. Era così grande e luminosa e sulle pareti c'erano già i poster delle mie band preferite. Non ho nemmeno dovuto portare i miei **mobili**, perché c'erano già un letto, una cassettiera e una scrivania. Questo sarà l'anno migliore di sempre! Ero un po' nervosa all'idea di iniziare una nuova **scuola**, ma tutti i miei nuovi vicini sono stati così amichevoli.

Въпроси за разбиране

1. Къде живее лицето?

2. Как му харесва в новата къща?

3. Коя е любимата част на човека в новата къща?

4. Какво е намерил човекът в градината?

5. Кои са съседите?

6. Как се е чувствал човекът през първите дни в новата къща?

7. Коя е любимата част на човека в новата стая?

8. Какво планира да прави човекът утре?

9. Коя е най-хубавата част от първата седмица на човека в новата къща?

10. Какво има в новата стая на човека?

Domande di comprensione

1. Dove vive la persona?

2. Come si trova la persona nella nuova casa?

3. Qual è la parte preferita della nuova casa?

4. Che cosa ha trovato la persona nel giardino?

5. Chi sono i vicini?

6. Come sono stati i primi giorni nella nuova casa?

7. Qual è la parte preferita della nuova stanza?

8. Che cosa ha intenzione di fare domani?

9. Qual è stata la parte migliore della prima settimana nella nuova casa?

10. Che cosa c'è nella nuova stanza della persona?

Във влака

Тръгнах към гарата, но закъснях. Влакът вече беше тръгнал без мен. Чувствах се толкова **ядосана** и **разочарована от** себе си. Бях планирала да отида с влака на гости на баба ми и дядо ми, които живеят в провинцията, но сега трябваше да чакам цял час за следващия влак. Вместо това реших да се поразходя малко из града и се опитах да забравя за пропуснатата възможност. Докато се разхождах, започнах да **си мечтая** за всички места, на които могат да те отведат **влаковете.** Изведнъж вече не бях толкова разстроен. Върнах се на гарата и не можах да не забележа големия червено-бяло-син локомотив, който си проправяше път към мен. Едва когато виждам **кондуктора да** ми маха от прозореца, разбирам, че този влак е за мен. Качвам се на влака и си намирам място, като се настанявам за това, което обещава да бъде дълго пътуване.

Докато излизаме от гарата, не мога да не се запитам къде ще ме отведе този влак. През зелени **поля** и сини реки, покрай планини и долини, не се знае къде ще отиде този стар влак. Когато нощта започва да се спуска, аз заспивам **спокоен** сън, приспиван от **ритмичното** движение на вагоните по релсите долу. Когато утрото отново настъпва, отварям очи

Sul treno

Corsi alla stazione ferroviaria, ma ero troppo in ritardo. Il treno era già partito senza di me. Mi sentivo così **arrabbiata** e **delusa** con me stessa. Avevo intenzione di prendere il treno per andare a trovare i miei nonni che vivono in campagna, ma ora avrei dovuto aspettare un'ora intera per il treno successivo. Decisi invece di passeggiare un po' per la città, cercando di dimenticare l'occasione persa. Mentre camminavo, ho iniziato a **sognare a occhi aperti** tutti i luoghi in cui il **treno** può portarti. Improvvisamente, non ero più così arrabbiata. Rientro in stazione e non posso fare a meno di notare la grande locomotiva rossa, bianca e blu che si dirige verso di me. Solo quando vedo il **capotreno che** mi saluta dal finestrino capisco che quel treno è per me. Salgo sul treno e trovo il mio posto, sistemandomi per quello che si preannuncia un lungo viaggio.

Mentre usciamo dalla stazione, non posso fare a meno di chiedermi dove mi porterà questo treno. Attraverso **campi** verdi e fiumi blu, passando per montagne e valli, non si sa dove andrà questo vecchio treno. Quando inizia a calare la notte, mi addormento in un sonno **tranquillo**, cullato dal movimento **ritmico** dei vagoni sui binari sottostanti. Quando arriva il mattino, apro gli occhi e scopro che siamo arrivati in una piccola città

и откривам, че сме пристигнали в малко градче някъде в средата на нищото. Слънцето току-що е надникнало над хоризонта, когато местните жители започват да се разхождат по главната улица; тук денят изглежда като всеки друг, с изключение на едно нещо - в близост до кметството има голям надпис “Добре дошли на борда!” Изглежда, че това градче ни е очаквало, въпреки че сме просто обикновен **пътнически** влак, който минава по пътя си на друго място. Когато отново оставяме градчето зад гърба си и се отправяме кой знае накъде, се усмихвам на всички приятелски настроени лица, които махат за довиждане от малките къщички, сгушени сред **земеделските земи -** наистина е невероятно как нещо толкова обикновено може да донесе толкова много радост само с преминаването си. И тогава, разбира се, има **деца**.

Навеждам се през прозореца на локомотива си. Те винаги ме карат да се чувствам толкова щастлив с блестящите си очи и широките си усмивки. Махнах им енергично в отговор, преди да се върна в **кабината** си и да седна. Денят вече беше дълъг, но все още не е приключил; има още няколко часа, докато достигнем **крайната** си **дестинация**. Изваждам книгата си и започвам да чета, оставяйки се ритмичното люлеене на влака да ме приспи в спокойно състояние.

nel bel mezzo del nulla. Il sole fa appena capolino all'orizzonte, mentre la gente del posto inizia a girare per la Main Street; sembra un giorno come un altro, tranne che per una cosa: c'è un grande cartello affisso vicino al municipio che recita "Benvenuti a bordo!". Sembra che questa piccola città ci stesse aspettando, anche se siamo solo un normale treno **passeggeri** di passaggio sulla nostra strada. Mentre ci lasciamo ancora una volta la città alle spalle, andando verso chissà dove, sorrido a tutte le facce amichevoli che ci salutano da quelle casette incastonate tra i **campi coltivati:** è davvero incredibile come qualcosa di così apparentemente ordinario possa portare tanta gioia semplicemente passando di lì. E poi, naturalmente, ci sono i **bambini**.

Mi affaccio al finestrino della mia locomotiva. Mi fanno sempre sentire così felice con i loro occhi lucidi e i loro grandi sorrisi. Li saluto energicamente prima di tornare nella mia **cabina** e sedermi. È stata già una lunga giornata, ma non è ancora finita; mancano ancora alcune ore per raggiungere la nostra **destinazione** finale. Tiro fuori il mio libro e inizio a leggere, lasciando che il dondolio ritmico del treno mi culli in uno stato di pace.

Въпроси за разбиране

1. Къде отива влакът?

2. Кой пътува във влака?

3. Кога тръгва влакът?

4. Как главният герой се качва на влака?

5. Откъде идва влакът?

6. Къде ще пътува влакът?

7. Кога са пристигнали пътниците?

8. Как се чувства главният герой, когато изпуска влака?

9. Как реагира машинистът на влака, когато вижда главния герой?

10. Защо главният герой харесва влаковете?

Domande di comprensione

1. Dove va il treno?

2. Chi viaggia sul treno?

3. Quando parte il treno?

4. Come fa il protagonista a salire sul treno?

5. Da dove viene il treno?

6. Dove è diretto il treno?

7. Quando sono arrivati i passeggeri?

8. Come si sente il protagonista quando perde il treno?

9. Come reagisce il macchinista quando vede il protagonista?

10. Perché al protagonista piacciono i treni?

Готвене на вечеря

Вече е 17:00 ч. и се прибирам от работа. Очаквам с **нетърпение да прекарам една** спокойна вечер у дома с партньора си. Ще приготвим вечеря заедно и след това просто ще се отпуснем до края на нощта. Чувствам се добре да знам, че нямам никакви планове или задължения тази **вечер**. Пристигам вкъщи, а партньорът ми вече е в кухнята и започва да приготвя вечерята ни. Тук ухае **невероятно!** Разговаряме, докато готвим, наваксваме за дните си и споделяме малки истории от професионалния си живот. Кухнята е любимата ми стая в нашия апартамент. Обичам да готвя и особено обичам да готвя с партньора си. Винаги си прекарваме толкова добре тук, смеем се и се шегуваме, докато готвим като буря. Освен това храната винаги е **невероятна,** когато работим **заедно**.

Тази вечер приготвяме една от най-любимите ми рецепти: **пиле по** пармезан. Партньорът ми започва с панирането на пилето, докато аз приготвям соса на **котлона**. Работим заедно като добре смазана машина и не след дълго вечерята е готова за сервиране. Сядаме на малката ни кухненска маса с **чинии,** отрупани с пилешки пармезан, паста и салата. Щракваме чаши и отхапваме първата

Cucinare la cena

Sono le 17.00 e sto tornando a casa dal lavoro. Non vedo l'**ora** di passare una serata tranquilla a casa con il mio compagno. Cucineremo insieme la cena e poi ci rilasseremo per il resto della serata. È bello sapere che questa **sera non ho** programmi o obblighi. Arrivo a casa e il mio partner è già in cucina a preparare la cena. C'è un profumo **fantastico** qui dentro! Chiacchieriamo mentre cuciniamo, raccontandoci le nostre giornate e condividendo piccole storie della nostra vita lavorativa. La cucina è la mia stanza preferita del nostro appartamento. Adoro cucinare e soprattutto adoro farlo con il mio compagno. Ci divertiamo sempre molto qui dentro, ridendo e scherzando mentre cuciniamo. Inoltre, il cibo è sempre **incredibile** quando lavoriamo **insieme**.

Stasera prepariamo una delle mie ricette preferite di sempre: il **pollo** alla parmigiana. Il mio collega inizia a impanare il pollo, mentre io faccio cuocere la salsa sul **fuoco**. Lavoriamo insieme come una macchina ben oliata e in poco tempo la cena è pronta da servire. Ci sediamo al tavolo della nostra cucina con i **piatti** colmi di pollo alla parmigiana, pasta e insalata. Facciamo tintinnare i bicchieri e assaggiamo il primo boccone... ed è **paradisiaco**! Il pollo è croccante all'esterno ma succoso all'interno; il sugo è saporito e

хапка - и тя е **божествена**! Пилето е хрупкаво отвън, но сочно отвътре; сосът е ароматен и перфектен; пастата е приготвена ал денте... всичко има абсолютно съвършен вкус тази вечер. И двамата знаем, че това е една от онези вечери, в които всичко се е събрало перфектно, докато **се наслаждаваме на** всяка хапка от вкусното ястие. Вкусът беше дори по-добър, отколкото миришеше - а той беше адски добър! Приключваме с храната сравнително бързо, тъй като никой от нас не е особено гладен днес, но не бързаме да се наслаждаваме на още няколко **чаши** вино, докато разговаряме леко на тази и онази тема. След вечерята се прибираме бързо заедно и се преместваме във всекидневната, където прекарваме известно време, **гушкайки се на** дивана, докато гледаме телевизия.

Чувствам се толкова приятно, когато сме близо един до друг след дълъг **работен** ден. Чувствам се доволна. Въпреки че нямахме наситена вечер, беше хубаво просто да прекараме известно време заедно, без да се налага да излизаме от къщи. Гледахме филм и си легнахме рано, като се чувствахме **удовлетворени от** обикновената ни вечер. Това се превърна в едно от **любимите** ни неща, които правим вечер, когато не искаме да излизаме - просто се отпускаме у дома и се наслаждаваме на компанията си на домашно приготвена храна.

perfetto; la pasta è cotta al dente... tutto ha un sapore assolutamente perfetto stasera. Sappiamo entrambi che questa è stata una di quelle sere in cui tutto si è unito alla perfezione, mentre **assaporiamo** fino all'ultimo boccone il nostro delizioso pasto. Il sapore era persino migliore del profumo, che era dannatamente buono! Finiamo il pasto relativamente in fretta, visto che oggi nessuno dei due ha particolarmente fame, ma ci prendiamo tutto il tempo necessario per goderci qualche altro **bicchiere di** vino chiacchierando con leggerezza di questo e quell'argomento. Dopo cena, puliamo velocemente insieme e poi ci spostiamo in salotto, dove passiamo un po' di tempo **a coccolarci** sul divano guardando la TV.

È così bello stare vicini dopo una lunga giornata di **lavoro**. Mi sento soddisfatta. Anche se non abbiamo avuto una serata movimentata, è stato bello passare un po' di tempo insieme senza dover uscire di casa. Abbiamo guardato un film e siamo andati a letto presto, sentendoci **soddisfatti** della nostra semplice serata. Questa è diventata una delle cose che **preferiamo** fare nelle sere in cui non vogliamo uscire: rilassarci a casa e goderci la reciproca compagnia con un pasto fatto in casa.

Въпроси за разбиране

1. Откъде идва разказвачът?

2. Какво прави разказвачът след работа?

3. Какво яде разказвачът за вечеря?

4. Защо разказвачът харесва кухнята?

5. Какво ястие приготвя двойката?

6. Как се чувства разказвачът в края на вечерта?

7. Кое е любимото занимание на двойката?

8. Какво прави двойката, когато се умори?

9. Къде спят?

10. Защо разказвачът обича да си стои вкъщи?

Domande di comprensione

1. Da dove viene il narratore?

2. Cosa fa il narratore dopo il lavoro?

3. Cosa mangia il narratore per cena?

4. Perché al narratore piace la cucina?

5. Che tipo di piatto cucina la coppia?

6. Come si sente il narratore alla fine della serata?

7. Qual è la cosa che la coppia preferisce fare?

8. Cosa fa la coppia quando è stanca?

9. Dove dormono?

10. Perché al narratore piace stare a casa?

Разходка до дома

Беше **спокойна** нощ, когато се прибирах от работа. Докато вървях, не можех да не се усмихна на спомените си. Чувствах се добре да се върна в стария си квартал. Махнах на няколко познати и те ми махнаха в отговор. Беше хубаво да съм си у дома. Минах покрай старото си училище и **си спомних** всички хубави моменти, които изживях с приятелите си. Винаги се прибирахме заедно и разказвахме за деня си. **Понякога** спирахме да си купим сладолед или отивахме в парка. Това бяха най-хубавите моменти. Липсват ми тези времена. Но сега имам собствено семейство и съм щастлива от живота си. Радвам се, че мога да погледна назад към тези спомени и да се усмихна. Те са част от живота ми, която винаги ще ценя. Това бяха най-хубавите времена. Липсват ми тези времена. Но сега имам собствено семейство и съм щастлив от живота си. Радвам се, че мога да погледна назад към тези **спомени** и да се усмихна. Те са част от живота ми, която винаги ще ценя.

Продължавам да вървя, мислейки си за хубавите моменти, които изживях с приятелите си. Знам, че скоро ще ги видя отново. Тръгвам към дома си и

Camminare verso casa

Era una notte **tranquilla** mentre tornavo a casa dal lavoro. Mentre camminavo, non potevo fare a meno di sorridere ai ricordi. Era bello tornare nel mio vecchio quartiere. Salutai alcune persone che conoscevo e loro ricambiarono il saluto. Era bello essere a casa. Passai davanti alla mia vecchia scuola e **ricordai** tutti i bei momenti passati con i miei amici. Tornavamo sempre a casa insieme e parlavamo della nostra giornata. **A volte ci** fermavamo a prendere un gelato o andavamo al parco. Erano i momenti migliori. Mi mancano quei momenti. Ma ora ho la mia famiglia e sono felice della mia vita. Sono felice di poter guardare indietro a quei ricordi e sorridere. Sono una parte della mia vita che conserverò per sempre. Erano i tempi migliori. Mi mancano quei tempi. Ma ora ho la mia famiglia e sono felice della mia vita. Sono felice di poter guardare indietro a quei **ricordi** e sorridere. Sono una parte della mia vita che conserverò per sempre.

Continuo a camminare, pensando ai bei momenti passati con i miei amici. So che li rivedrò presto. Mi dirigo verso casa e decido di passeggiare in un parco lì vicino. Il sole sta tramontando e il cielo sta diventando di un **bel** colore arancione. Il parco è vuoto, a parte

решавам да се разходя из близкия парк. Слънцето залязва и небето придобива **красив** оранжев цвят. Паркът е пуст, с изключение на няколко птички, които чуруликат по дърветата. Поемам си дълбоко **въздух** и се усмихвам. Докато се разхождам из парка, виждам падаща звезда, която се разстила по небето. Пожелавам си нещо за тази звезда и продължавам да вървя. Мисля си за работния си ден и за това колко **спокоен** беше той. Усмихвам се на себе си, мислейки си колко съм щастлива, че имам такава страхотна работа. Вървя към вкъщи, **усещайки** хладния нощен въздух по кожата си. Чувствам се толкова жива и щастлива, наслаждавайки се на простото ходене до вкъщи в една спокойна нощ. Чувствах се толкова добре, че започнах да **си подсвирквам**. Минах покрай няколко души на улицата, но всички се занимаваха със собствените си работи.

Завих зад ъгъла на моята улица и видях котарака на съседите ми, господин Уискърс, да седи на верандата ми. Поздравих го, а той мяукаше в отговор. **Отключих** вратата и влязох вътре. Бях толкова щастлива, че съм си у дома. Събух си обувките и се приготвих за лягане. Тази нощ си легнах с чувство на щастие и благодарност, а сърцето ми беше пълно с любов. Спах спокойно през цялата нощ, без да се притеснявам за нищо.

qualche uccello che cinguetta tra gli alberi. Faccio un **respiro** profondo e sorrido. Mentre cammino nel parco, vedo una stella cadente che attraversa il cielo. Esprimo un desiderio su quella stella e continuo a camminare. Penso alla mia giornata di lavoro e a quanto sia stata **tranquilla**. Sorrido tra me e me, pensando a quanto sono fortunata ad avere un lavoro così bello. Cammino verso casa, **sentendo** l'aria fresca della notte sulla mia pelle. Mi sento così viva e felice, godendomi il semplice atto di tornare a casa in una notte tranquilla. Mi sentivo così bene che iniziai a **fischiettare**. Passai accanto ad alcune persone per strada, ma tutte si facevano gli affari loro.

Svoltato l'angolo della mia strada, vidi il gatto del mio vicino, Mr. Whiskers, seduto sul mio portico. Lo salutai e lui ricambiò il miagolio. **Aprii la** porta ed entrai. Ero così felice di essere a casa. Mi tolsi le scarpe e mi preparai per andare a letto. Quella sera andai a letto felice e grata, con il cuore pieno d'amore. Dormii profondamente per tutta la notte, senza preoccuparmi di nulla.

Въпроси за разбиране

1. Какво е правил главният герой, когато историята е започнала?

2. За какво си мисли героят, когато се прибира вкъщи?

3. Какво е правил главният герой с приятелите си след училище?

4. Какво липсва на героя от онези времена?

5. Какво мисли главният герой за настоящия си живот?

6. Какво прави главният герой, когато вижда падаща звезда?

7. Как се чувства главният герой, когато се прибира вкъщи?

8. Какво прави главният герой, когато се прибира у дома?

9. Как се чувства главният герой, когато се събужда на следващата сутрин?

10. Какво прави главният герой на следващия ден?

Domande di comprensione

1. Cosa stava facendo il protagonista quando è iniziata la storia?

2. A cosa pensava il protagonista mentre tornava a casa?

3. Cosa faceva il protagonista con gli amici dopo la scuola?

4. Cosa manca al protagonista di quei tempi?

5. Cosa pensa il protagonista della sua vita attuale?

6. Cosa fa il protagonista quando vede una stella cadente?

7. Come si sente il protagonista quando torna a casa?

8. Cosa fa il protagonista quando torna a casa?

9. Come si sente il protagonista quando si sveglia la mattina dopo?

10. Cosa fa il protagonista il giorno dopo?

Замъкът

Семейството винаги е искало да посети старинен замък в **Германия** и най-накрая предприема това пътуване. Те не бяха **разочаровани**. Замъкът беше красив и те с удоволствие разгледаха многобройните му стаи и коридори. Първото нещо, което ги порази, беше миризмата. Откриха **мухъл**, влага и още нещо, което не можаха да открият. Второто нещо беше звукът. Каменните стени са дебели, но не заглушават звука напълно. Чуваха всяка крачка, всяка дума, изречена с нормален глас, и от време на време капката вода **някъде в** далечината. Когато очите им се приспособиха към слабата светлина, видяха масивните каменни стени, които се извисяваха около тях, а гоблените висяха от тях на **разкъсани** парчета. Стояха в огромна зала с висок таван, поддържан от издълбани колони. Хареса им и гледката от кулите, а децата се забавляваха, тичайки из терена. **Слънцето** беше започнало да залязва, когато приключиха с разглеждането на замъка, и те съжалиха, че не са взели **фенерче**. Решиха да се върнат до входа, но скоро се изгубиха. Лутаха се наоколо с часове, докато накрая се натъкнаха на врата, която водеше навън. Продължиха, докато **стигнаха до** края на коридора и се озоваха пред внушителна двойна

Il castello

La famiglia aveva sempre desiderato visitare un antico castello in **Germania** e finalmente ha intrapreso il viaggio. Non sono rimasti **delusi**. Il castello era bellissimo e si sono divertiti a esplorare le sue stanze e i suoi corridoi. La prima cosa che li colpì fu l'odore. Trovarono **muffa**, umidità e qualcos'altro che non riuscirono a definire con precisione. La seconda cosa è stata il suono. I muri di pietra sono spessi, ma non attutiscono completamente il suono. Sentirono ogni passo, ogni parola pronunciata con voce normale e l'occasionale gocciolio dell'acqua **da qualche parte** in lontananza. Quando i loro occhi si adattarono alla luce fioca, videro le massicce mura di pietra che incombevano intorno a loro, con gli arazzi appesi a **brandelli**. Si trovavano in un'enorme sala con un alto soffitto sostenuto da pilastri scolpiti. Anche a loro piaceva molto la vista che si godeva dalle torrette e i bambini si divertivano un mondo a correre per il parco. Quando finirono di esplorare il castello, il **sole** era già tramontato e si pentirono di non aver portato una **torcia**. Decisero di tornare all'ingresso, ma si persero subito. Vagarono per ore e ore, finché alla fine trovarono una porta che conduceva all'esterno. Proseguirono fino **alla** fine del corridoio e si trovarono davanti a un'imponente serie di doppie porte. Per

врата. Колкото и да се опитват, вратите не се отварят. Те дрънчат **зловещо,** но не помръдват и на сантиметър. Изглеждаше така, сякаш който и да е бил тук преди, трябва да е минал оттук и да ги е заключил отвътре. В крайна сметка намират изход. Обхвана ги облекчение, когато излязоха на хладния нощен въздух.

Слънцето беше започнало да залязва и те **съжалиха,** че не са взели фенерче. Решиха да се върнат до входа, но скоро се изгубиха. В продължение на часове се лутаха, докато най-накрая се натъкнаха на врата, която водеше **навън**. Излязоха с облекчение навън, нахлувайки в хладния нощен въздух. На следващата вечер те се увериха, че са взели фенерче със себе си, докато изследват останалата част от замъка. Минаха през **двора** и се спуснаха към реката, която течеше зад стените на **замъка.** Докато обикаляха, започнаха да чуват странни звуци. Сякаш някой ги следеше. Те ускориха крачка, но шумовете ставаха все по-силни и по-близки. Семейството побягнало обратно към замъка, колкото можело по-бързо, и с облекчение видяло, че фигурата в **тъмното** наметало не ги е последвала.

quanto potessero, le porte non si muovevano. Scricchiolano **minacciosamente**, ma non si muovono di un millimetro. Sembrava che chiunque fosse stato qui prima dovesse essere passato di qui e averle chiuse dall'interno. Alla fine trovano una via d'uscita. Il sollievo li invade mentre escono nell'aria fresca della notte.

Il sole aveva iniziato a tramontare e si **pentirono di non aver** portato una torcia elettrica. Decisero di tornare all'ingresso, ma presto si persero. Vagarono per ore e ore, finché alla fine trovarono una porta che conduceva all'**esterno**. Il sollievo li colse quando uscirono nell'aria fresca della notte. La sera successiva si assicurarono di portare con sé una torcia per esplorare il resto del castello. Attraversarono il **cortile** e scesero fino al fiume che scorreva dietro le mura del **castello**. Mentre camminavano, cominciarono a sentire strani rumori. Sembrava che qualcuno li stesse seguendo. Accelerarono il passo, ma i rumori diventavano sempre più forti e vicini. La famiglia tornò al castello il più velocemente possibile e si accorse con sollievo che la figura con il mantello **scuro** non li aveva seguiti.

Въпроси за разбиране

1. Какво направи семейството, когато се изгуби в замъка?

2. Как се е почувствало семейството, когато е разбрало, че това е просто местен човек?

3. Какво е направил човекът, заради което е бил арестуван?

4. Каква е присъдата за този човек?

5. Какъв шум е чуло семейството, докато се е разхождало?

6. Къде е била фигурата в тъмното наметало, когато семейството я е видяло?

7. Какво направи семейството, когато се прибра в стаята си?

8. Кога семейството отново отиде да разгледа замъка?

9. Кое е онова нещо, което семейството не може да открие?

10. Какво направи семейството, преди да тръгне отново да разглежда замъка?

Domande di comprensione

1. Cosa fece la famiglia quando si perse nel castello?

2. Come si è sentita la famiglia quando ha scoperto che si trattava solo di un uomo del posto?

3. Che cosa ha fatto l'uomo che lo ha fatto arrestare?

4. Qual è stata la sentenza per l'uomo?

5. Quale rumore ha sentito la famiglia mentre camminava?

6. Dov'era la figura con il mantello scuro quando la famiglia lo vide?

7. Che cosa ha fatto la famiglia quando è tornata nella sua stanza?

8. Quando la famiglia è tornata a esplorare il castello?

9. Qual era la cosa che la famiglia non riusciva a capire?

10. Cosa fece la famiglia prima di tornare a esplorare il castello?

Моята градина

Градината ми е моето щастливо място. Излизам там всеки ден, независимо дали вали или грее, и прекарвам време в грижи за растенията си. Имам по малко от **всичко - зеленчуци,** плодове, цветя, билки. Имам дори няколко пилета, които ми помагат да държа настрана вредителите. Започвам дните си в градината, като събирам яйца от кокошките. След това проверявам зеленчуците си, за да се уверя, че получават достатъчно вода и слънце. Почиствам лехите от плевели и отстранявам всички буболечки, които могат да **нападнат** растенията. След като се погрижа за **всичко,** сядам и се наслаждавам на тишината и спокойствието на природата.

Винаги съм обичала да прекарвам време в градината си. Има нещо в това да си заобиколен от природата и цялата **красота, която** тя предлага. Намирам я за много спокойно и успокояващо място. Често прекарвам времето си в градината, като просто си почивам и се наслаждавам на пейзажа. Също така обичам да работя в градината си и да отглеждам различни неща. Имам доста голяма градина и обичам да отглеждам **различни** неща в нея. Отглеждам цветя, **зеленчуци** и билки. Имам и няколко плодни дръвчета, които раждат

Il mio giardino

Il mio giardino è il mio luogo felice. Esco ogni giorno, con la pioggia o con il sole, e passo il tempo a curare le mie piante. Ho un po' di **tutto: verdure**, frutta, fiori, erbe aromatiche. Ho anche alcune galline che mi aiutano a tenere lontani i parassiti. Inizio le mie giornate in giardino raccogliendo le uova dalle galline. Poi controllo le verdure, assicurandomi che ricevano acqua e sole a sufficienza. Diserbo le aiuole e rimuovo gli insetti che potrebbero **attaccare** le piante. Una volta sistemato **tutto**, mi siedo e mi godo la pace e la tranquillità della natura.

Ho sempre amato trascorrere del tempo nel mio giardino. C'è qualcosa nell'essere circondati dalla natura e da tutta la **bellezza che** ha da offrire. Trovo che sia un luogo molto tranquillo e rilassante. Spesso trascorro il tempo nel mio giardino rilassandomi e godendomi il paesaggio. Mi piace anche lavorare nel mio giardino e coltivare. Ho un giardino di buone dimensioni e mi piace coltivare **diverse** cose. Coltivo fiori, **verdure** ed erbe aromatiche. Ho anche alcuni alberi da frutto che producono mele, pere e prugne deliziose. Oltre a coltivare, mi piace anche passare il tempo passeggiando nel mio giardino, **ammirando** tutte le piante e gli animali che lo abitano. Negli anni

вкусни ябълки, круши и сливи. Освен че отглеждам различни неща, обичам да прекарвам времето си в разходки из градината и да **се любувам на** различните растения и животни, които я обитават. През годините съм прекарал много часове в работа по превръщането на **градината** ми в място, което е не само красиво, но и функционално. Обичам да наблюдавам птиците и да слушам тяхното пеене. Понякога дори изваждам книга и чета в градината, докато съм заобиколена от цялата красота, която съм създала. **Градинарството** е моята страст и ми носи толкова много радост. Всеки ден в моята градина е хубав ден.

Едно от нещата, които обичам да правя, е да готвя, така че за мен е много **важно да** имам добре поддържана градина с билки. Мащерката, босилекът, риганът, розмаринът, градинският чай и лавандулата са само някои от билките, които обичам да отглеждам в градината си, за да мога да ги използвам, когато приготвям ястия за себе си или за **гости**. Друго нещо, което е важно за мен, когато става въпрос за моята градина, е да се уверя, че в нея има много цветове. За да постигна тази цел, отглеждам голямо разнообразие от цветя, включително **рози**, лилии, маргаритки, лалета, импатиенс, невен и др.

ho trascorso molte ore a lavorare per rendere il mio **giardino** un luogo non solo bello ma anche funzionale. Mi piace osservare gli uccelli che svolazzano in giro e ascoltarli cantare. A volte tiro fuori un libro e leggo in giardino, circondata da tutta la bellezza che ho creato. Il **giardinaggio** è la mia passione e mi porta tanta gioia. Ogni giorno nel mio giardino è un buon giorno.

Una delle cose che amo fare è cucinare, quindi avere un giardino di erbe aromatiche ben fornito è molto **importante** per me. Timo, basilico, origano, rosmarino, salvia e lavanda sono solo alcune delle erbe che mi piace coltivare nel mio giardino per poterle usare quando cucino per me o per gli **ospiti**. Un’altra cosa importante per me quando si tratta del mio giardino è assicurarmi che ci sia molto colore in tutto il giardino. Per raggiungere questo obiettivo, coltivo una grande varietà di fiori, tra cui **rose**, gigli, margherite, tulipani, impatiens, calendule, ecc.

Въпроси за разбиране

1. Къде се намира градината на автора?

2. Колко кокошки има авторът?

3. Какво прави авторът в градината всеки ден?

4. Защо авторът харесва градината?

5. Какви билки засажда авторът в градината?

6. Защо за автора е важно, че в градината му има много цветове?

7. Как авторът разнообразява своята градина?

8. Как се чувства авторът, когато работи в градината си?

9. Какво кара автора да се чувства свързан, когато е в градината си?

10. защо всеки ден в градината на автора е добър ден?

Domande di comprensione

1. Dove si trova il giardino dell'autore?

2. Quanti polli ha l'autore?

3. Che cosa fa l'autore in giardino ogni giorno?

4. Perché all'autore piace il giardino?

5. Quali sono le erbe che l'autore pianta nel giardino?

6. Perché è importante per l'autore che ci siano molti colori nel suo giardino?

7. Come fa l'autore a dare varietà al suo giardino?

8. Come si sente l'autore quando lavora nel suo giardino?

9. Cosa fa sentire l'autore in sintonia quando è nel suo giardino?

10. Perché ogni giorno nel giardino dell'autore è un buon giorno?

Пазаруване

Обичам да **пазарувам** в мола. Винаги е толкова забавно да се разхождаш и да разглеждаш различните магазини. В мола има за всекиго по нещо и винаги е чудесно място за намиране на изгодни оферти за дрехи, обувки и аксесоари. **Обикновено** започвам пазаруването си, като минавам през главния **вход на** търговския център. Оттам се насочвам първо към любимите си магазини. След като разгледам тези магазини, се разхождам наоколо и проверявам дали на други места има разпродажби. Обикновено прекарвам няколко часа в търговския център, преди най-накрая да направя покупките си. Винаги обичам да не бързам, когато пазарувам, **защото** искам да съм сигурна, че ще взема **точно** това, което искам. Освен това така е по-забавно!

Винаги намирам за **много интересно** да наблюдавам хората, докато съм в мола. По начина, по който пазаруват, наистина можеш да разбереш много за един човек. Някои хора са много методични и не бързат, докато други сякаш грабват **каквото** могат и се отправят към касата възможно най-бързо. Има и такива купувачи, които сякаш са по-заинтересовани да говорят по мобилните си

Fare shopping

Mi piace andare **a fare shopping al** centro commerciale. È sempre molto divertente passeggiare e guardare tutti i diversi negozi. Al centro commerciale ce n'è per tutti i gusti ed è sempre un ottimo posto per trovare offerte su vestiti, scarpe e accessori. **Di solito** inizio il mio shopping attraversando l'**ingresso** principale del centro commerciale. Da lì, mi dirigo prima verso i miei negozi preferiti. Dopo aver dato un'occhiata a quei negozi, vado in giro a vedere se ci sono saldi in corso in altri posti. Di solito trascorro un paio d'ore nel centro commerciale prima di fare i miei acquisti. Mi piace sempre prendermi il tempo necessario per fare shopping**, perché** voglio essere sicura di acquistare **esattamente** ciò che voglio. In più, così è più divertente!

Trovo sempre molto **affascinante** osservare le persone mentre sono al centro commerciale. Si può capire molto di una persona dal modo in cui fa acquisti. Alcune persone sono molto metodiche e si prendono il loro tempo, mentre altre sembrano prendere **tutto quello che** possono e dirigersi alla cassa il più velocemente possibile. Ci sono anche quelli che sembrano più interessati a parlare al cellulare o a mandare messaggi piuttosto che guardare la merce! A prescindere dal tipo

телефони или да пишат съобщения, отколкото да разглеждат стоките! Независимо от това какъв тип купувач сте, изглежда, че всеки обича да пазарува от витрината - дори и да не си купи нищо. Просто има нещо, което ме прави щастлива, когато гледам всички красиви неща по **витрините на** магазините. Понякога си фантазирам какво би било, ако можех да си позволя **всичко, което** виждам! Като цяло, да прекарам един ден в пазаруване в мола е едно от любимите ми занимания. Това е чудесен начин да се отпуснеш и да релаксираш, като същевременно правиш и малко упражнения (ако се разхождаш достатъчно). Освен това **винаги е** хубаво да се поглезиш с нова риза или чифт обувки от време на време!

Имах **дълъг работен** ден и най-накрая имах малко време за себе си, затова реших да отида да пазарувам в търговския център. Трябваха ми нови дрехи за **предстоящия** сезон. Още щом влязох, видях всички ярки светлини и лъскави витрини. Първо се насочих към любимия си магазин и започнах да разглеждам рафтовете. Намерих няколко сладки топа и ги пробвах в съблекалнята. Докато се оглеждах в огледалото, чух, че някой влиза в съседната съблекалня. Разпознах гласа му като на един от колегите ми. Поздравихме се и започнахме да си говорим за работа.

di acquirente, però, sembra che a tutti piaccia guardare le vetrine, anche se non si compra nulla. C'è qualcosa che mi rende felice nel guardare tutte le belle cose nelle **vetrine** dei negozi. A volte fantastico su come sarebbe se potessi permettermi **tutto quello che** vedo! Tutto sommato, trascorrere una giornata di shopping al centro commerciale è uno dei miei passatempi preferiti. È un ottimo modo per rilassarsi e distendersi, facendo anche un po' di esercizio fisico (se si cammina abbastanza). Inoltre, è **sempre** bello concedersi una camicia o un paio di scarpe nuove ogni tanto!

Ho avuto una **lunga** giornata di lavoro e finalmente avevo un po' di tempo per me, così ho deciso di andare a fare shopping al centro commerciale. Mi servivano dei vestiti nuovi per la **prossima** stagione. Appena sono entrata, ho visto tutte le luci e le vetrine scintillanti. Mi sono diretta prima al mio negozio preferito e ho iniziato a sfogliare gli scaffali. Ho trovato alcuni top carini e li ho provati nel camerino. Mentre mi guardavo allo specchio, sentii qualcuno entrare nel **camerino** accanto al mio. Ho riconosciuto la sua voce come quella di una mia collega. Ci siamo salutati e abbiamo iniziato a chiacchierare di lavoro.

Въпроси за разбиране

1. Къде най-много обичате да съхранявате?

2. Кой е любимият ви магазин в търговския център?

3. Колко време обикновено оставате в търговския център?

4. Какво мислите за хората, които прекарват много време в мола?

5. кое е любимото ви занимание в търговския център?

6. Случвало ли ви се е да си купите нещо в мола, когато не ви е било нужно?

7. Как реагирате, когато видите нещо в мола, което много бихте искали, но е твърде скъпо?

8. Случвало ли ви се е да видите нещо в търговския център и да се чудите кой би го купил?

9. Какво е мнението ви за хората, които са заети с мобилните си телефони в мола, вместо да разглеждат магазините?

10. Смятате ли, че търговският център е добро място за срещи с приятели?

Domande di comprensione

1. Dove vi piace di più conservare?

2. Qual è il vostro negozio preferito nel centro commerciale?

3. Quanto tempo si ferma di solito al centro commerciale?

4. Cosa pensa delle persone che trascorrono molto tempo al centro commerciale?

5. Qual è la cosa che preferite fare al centro commerciale?

6. Avete mai comprato qualcosa al centro commerciale quando non ne avevate davvero bisogno?

7. Come reagite quando al centro commerciale vedete qualcosa che vi piacerebbe molto, ma che costa troppo?

8. Avete mai visto qualcosa al centro commerciale e vi siete chiesti chi lo avrebbe comprato?

9. Qual è la sua opinione sulle persone che al centro commerciale sono impegnate con il cellulare invece di guardare i negozi?

10. Pensi che il centro commerciale sia un buon posto per incontrarsi con gli amici?

На пазара

Събуждам се рано в събота сутрин, за да стигна до **пазара,** преди да е станало прекалено много хора. Обличам се и излизам от вратата, като по пътя взимам торбичките си за многократна употреба. Докато вървя, започвам да планирам какво искам да приготвя за следващата седмица. Знам, че искам да **запека** зеленчуци поне веднъж, така че ще трябва да купя някои качествени зеленчуци. Искам също така да направя супа или яхния, така че ще трябва да купя и малко месо. Ще трябва да видя какво изглежда добре, когато стигна там. Пазарът е само на няколко пресечки оттук и вече мога да видя разположените сергии и **хората, които** се суетят наоколо.

Пристигам на пазара и се насочвам направо към щанда за зеленчуци. Изборът е прекрасен и аз пълня торбите си с разнообразни **пресни** продукти. Разговарям малко с фермера и той ми препоръчва няколко рецепти. Вълнувам се да ги изпробвам. Разговарям с **фермерите,** докато пазарувам, за да се запозная с тях и техните продукти. След като се сдобивам с всички необходими зеленчуци, преминавам към раздела с месо. Тук съм малко по-колеблива, тъй като не съм сигурна какво искам да

Al mercato

Mi sveglio presto il sabato mattina, desiderosa di andare al **mercato** prima che sia troppo affollato. Mi infilo i vestiti e mi avvio verso la porta, prendendo le mie borse riutilizzabili. Mentre cammino, inizio a pianificare quello che voglio fare per la settimana a venire. So che voglio **arrostire le** verdure almeno una volta, quindi dovrò comprare delle verdure di buona qualità. Voglio anche fare una zuppa o uno stufato, quindi dovrò comprare anche della carne. Dovrò vedere cosa c'è di buono quando arriverò lì. Il mercato è a pochi isolati di distanza e vedo già le bancarelle allestite e la **gente** che vi si aggira.

Arrivo al mercato e mi dirigo subito verso il banco delle verdure. La scelta è bellissima e riempio le mie borse con una grande varietà di prodotti **freschi**. Parlo un po' con il contadino e mi consiglia alcune ricette. Non vedo l'ora di provarle. Mentre faccio la spesa, chiacchiero con i **contadini** per conoscere meglio loro e i loro prodotti. Dopo aver preso tutte le verdure che mi servono, passo al reparto carne. Qui sono un po' più titubante, perché non sono sicuro di quello che voglio prendere. Alla fine scelgo il pollo, perché è versatile e può essere utilizzato in diversi piatti. Compro anche alcuni tagli di carne diversi, assicurandomi di prendere

взема. В крайна сметка се спирам на пилешкото, защото то е универсално и може да се използва в различни ястия. Купувам също така няколко различни разфасовки месо, като се уверявам, че имам говеждо месо, хранено с трева, и **пилешко месо,** отглеждано на свободни места. Месарят беше приятелски настроен човек, винаги весел въпреки дългите часове работа. Той опакова пилешките ми гърди и пържолата, преди да ми разкаже за плановете си за уикенда. Сбогувах се с него и продължих по пътя си. Взех и няколко яйца и сирене от раздела за млечни продукти.

Пазарът гъмжеше от хора, които нямаха търпение да се сдобият с предлаганите пресни продукти и месо. Въздухът беше наситен с миризма на чесън и лук, а в него се чуваха смехове и разговори. Проправих си път през тълпата, избирайки останалите продукти, които ми трябваха за седмичното пазаруване. Напълних **кошницата** си с плодове и зеленчуци, макаронени изделия и хляб, преди да се отправя към касата. Опашката беше дълга, но се движеше бързо. Най-накрая последните **хранителни продукти** бяха купени и беше време да се прибера у дома. Колата беше натоварена, а пътуването до дома беше дълго и уморително. Трафикът беше натоварен, а жегата - потискаща. Накрая колата спря на алеята и облекчението беше осезаемо.

carne di manzo nutrita con erba e **pollo** allevato all'aperto. Il macellaio era un uomo cordiale, sempre allegro nonostante le lunghe ore di lavoro. Mi ha incartato i petti di pollo e la bistecca prima di parlarmi dei suoi programmi per il fine settimana. Lo salutai e proseguii per la mia strada. Ho preso anche delle uova e del formaggio dal reparto latticini.

Il mercato era pieno di gente, tutti desiderosi di mettere le **mani sui** prodotti freschi e sulla carne che venivano offerti. Nell'aria si sentiva l'odore dell'aglio e delle cipolle, e il suono delle risate e delle conversazioni riempiva l'aria. Mi feci strada tra la folla, scegliendo gli altri articoli necessari per la mia spesa settimanale. Riempii il mio **cestino** di frutta e verdura, pasta e pane, prima di dirigermi alla cassa. La fila era lunga, ma si snodava rapidamente. Finalmente gli ultimi acquisti furono fatti ed era ora di tornare a casa. L'auto fu caricata e il viaggio verso casa fu lungo e noioso. Il traffico era intenso e il caldo opprimente. Alla fine l'auto entrò nel vialetto e il sollievo fu palpabile.

Въпроси за разбиране

1. Къде отива човекът?

2. Какво иска да купи човекът?

3. Колко чанти има човекът?

4. На какво разстояние се намира пазарът?

5. Какво прави човекът в момента?

6. Какво е всичко на пазара?

7. Колко души има на пазара?

8. Колко време е отнело на човека да купи всичко?

9. Как човекът се е прибрал у дома?

10. Какво направи човекът, когато се прибра у дома?

Domande di comprensione

1. Dove sta andando la persona?

2. Cosa vuole comprare la persona?

3. Quante borse ha la persona?

4. Quanto è lontano il mercato?

5. Cosa sta facendo la persona in questo momento?

6. Che cos'è il mercato?

7. Quante persone ci sono nel mercato?

8. Quanto tempo ha impiegato la persona a comprare tutto?

9. Come è tornata a casa la persona?

10. Cosa ha fatto la persona quando è tornata a casa?

В кафене

Беше хладна **есенна** сутрин и се бях уговорила да се срещна с моята приятелка Лили в любимото ни кафене на по кафе. Увих се топло в палтото и шала си и тръгнах. Листата падаха от дърветата и въздухът беше напечен, но слънцето грееше и обещаваше да бъде прекрасен ден. Докато вървях, **си мислех** колко е хубаво да имаш приятелка като Лили. Бяхме приятелки от години, откакто се запознахме в **университета**. Свързваше ни любовта към кафето и прекарването на времето в разговори в кафенетата. Въпреки че сега живеехме в различни части на града, все още успявахме да се срещаме на кафе веднъж седмично. Пристигнах в кафенето, а Лили вече беше там и ме чакаше. Прегърнахме се за поздрав и си поръчахме кафета. Намерихме маса до прозореца и се настанихме да си говорим. **Кафето** беше вкусно, както винаги, и беше толкова приятно да си поприказваме с Лили. Говорихме за седмицата, за работата си и за плановете ни за бъдещето. Винаги ми беше толкова лесно да говоря с Лили и имах чувството, че мога да ѝ кажа всичко. След известно време започнахме да огладняваме и **решихме** да си поръчаме храна.

Поръчахме си храна и си намерихме място до

In un caffè

Era una fredda mattina **d'autunno** e avevo fissato un appuntamento con la mia amica Lily al nostro bar preferito per un caffè. Mi avvolsi al caldo nel cappotto e nella sciarpa e mi avviai. Le foglie cadevano dagli alberi e l'aria era pungente, ma il sole splendeva e prometteva di essere una bella giornata. Mentre camminavo, **pensavo** a quanto fosse bello avere un'amica come Lily. Eravamo amiche da anni, da quando ci eravamo conosciute all'**università**. Avevamo legato per il nostro amore per il caffè e per il tempo trascorso a chiacchierare nei bar. Anche se ora vivevamo in zone diverse della città, riuscivamo comunque a vederci per un caffè una volta alla settimana. Arrivai al caffè e Lily era già lì ad aspettarmi. Ci salutammo con un abbraccio e poi ordinammo i nostri caffè. Trovammo un tavolo vicino alla finestra e ci sedemmo a chiacchierare. Il **caffè** era delizioso, come sempre, ed è stato così bello recuperare il tempo perduto con Lily. Parlammo della nostra settimana, dei nostri lavori e dei nostri progetti per il futuro. Era sempre così facile parlare con Lily e mi sembrava di poterle dire tutto. Dopo un po' cominciammo ad avere fame e **decidemmo** di ordinare qualcosa da mangiare.

Ordinammo il cibo e trovammo posto vicino alla

прозореца. Слънцето грееше през прозореца и караше всичко да се чувства топло и щастливо. Разговаряхме, докато ядяхме, наслаждавайки се на простото удоволствие да сме в **компанията си**. Кафенето беше оживено, но не се чувстваше претъпкано. Във въздуха се усещаше спокойствие и задоволство. Когато приключихме с храната, седяхме още известно време и се наслаждавахме на спокойната **атмосфера**. Известно време разговаряхме за различни неща, които се случваха в живота ни. Беше толкова приятно да наваксам с приятелката си и просто да **се отпусна**. Слънцето грееше през прозореца и имах чувството, че **нищо не може** да развали перфектния ни ден.

Изведнъж чух силен трясък. Обърнах се и видях, че един човек е паднал през тавана и лежи на пода пред нас. Беше **покрит с** прах и отломки и изглеждаше в безсъзнание. И двамата с приятеля ми бяхме в шок, докато гледахме мъжа, лежащ на пода. Не знаехме какво да правим и на кого да се обадим за помощ. Просто седяхме там и го гледахме, без да знаем какво да правим. След няколко минути се съвзех и се обадих на 911. Операторът ми каза, че скоро някой ще дойде. Свърших телефона и казах на приятеля си какво е казал **операторът.** И двамата просто седяхме и чакахме да пристигне помощ. Струваше ми се, че е цяла вечност, но накрая **се появи** линейка.

finestra. Il sole entrava dalla finestra, rendendo tutto più caldo e felice. Chiacchierammo mentre mangiavamo, godendoci il semplice piacere di stare in **compagnia**. Il caffè era affollato, ma non sembrava affollato. C'era una sensazione di pace e soddisfazione nell'aria. Finito il cibo, ci sedemmo ancora per un po', godendoci l'**atmosfera** tranquilla. Abbiamo parlato per un po' di cose diverse che stavano accadendo nelle nostre vite. È stato così bello recuperare il tempo perduto con la mia amica e **rilassarsi**. Il sole splendeva attraverso la finestra e sembrava che **nulla** potesse rovinare la nostra giornata perfetta.

All'improvviso sentii un forte schianto. Mi girai e vidi che un uomo era caduto dal soffitto e giaceva sul pavimento di fronte a noi. Era **coperto** di polvere e detriti e sembrava privo di sensi. Io e il mio amico eravamo entrambi sotto shock mentre fissavamo l'uomo steso sul pavimento. Non sapevamo cosa fare o chi chiamare aiuto. Rimanemmo lì a fissarlo, senza sapere cosa fare. Dopo qualche minuto mi sono ripreso e ho chiamato il 911. L'operatore mi disse che qualcuno sarebbe arrivato presto. Riattaccai il telefono e raccontai al mio amico quello che mi aveva detto l'**operatore**. Rimanemmo entrambe sedute ad aspettare l'arrivo dei soccorsi. Sembrava un'eternità, ma alla fine **arrivò** un'ambulanza.

Въпроси за разбиране

1. Откъде идва човекът, който пада през покрива?

2. Защо жената е с приятелката си в кафенето?

3. Кое е любимото кафене на двамата приятели?

4. Откога се познават двамата приятели?

5. Коя е любимата напитка на двамата приятели?

6. В кой град живеят двамата приятели?

7. Колко често се срещат двамата приятели?

8. За какво си говорят двамата приятели, когато се срещат за първи път в любимото си кафене?

9. Коя е любимата храна на двамата приятели?

10. Защо е толкова лесно да се говори с Лили?

Domande di comprensione

1. Da dove viene l'uomo che cade dal tetto?

2. Perché la donna è con la sua amica nel caffè?

3. Qual è il caffè preferito dai due amici?

4. Da quanto tempo i due amici si conoscono?

5. Qual è la bevanda preferita dai due amici?

6. In quale città vivono i due amici?

7. Quanto spesso si incontrano i due amici?

8. Di cosa parlano i due amici quando si incontrano per la prima volta nel loro caffè preferito?

9. Qual è il cibo preferito dai due amici?

10. Perché è così facile parlare con Lily?

Плуване

Басейнът винаги е бил **освежаващо** място и днес не беше по-различно. Слънцето грееше и водата изглеждаше привлекателна. Поех си дълбоко въздух и се гмурнах, усещайки хладната прегръдка на водата. Известно време плувах в кръг, наслаждавайки се на упражненията и възможността да прочистя главата си. След известно време излязох и се подсуших, после седнах на една кърпа, за да се отпусна на слънце. Затворих очи и оставих **топлината** да ме облее, усещайки как мускулите ми започват да се отпускат. Изведнъж чух плясък и отворих очи, за да видя малката ми сестра **да гребе в** плитката част. Усмихнах се и я гледах известно време, после станах и отидох при нея. Поговорихме си малко и гребахме заедно, наслаждавайки се на компанията си. Скоро към нас се присъединиха и родителите ни и прекарахме остатъка от следобеда в плуване и игри заедно. Винаги е било толкова приятно да прекараш време със семейството си на басейна. Има **нещо** във водата, което сякаш сплотява хората. Може би защото всички сме равни, когато сме във водата - не можем да крием недостатъците си или да се преструваме на нещо, което не сме. А може би е просто защото е забавно! **Каквато и да е** причината, аз просто се радвах, че

Andare a nuotare

La piscina era sempre un luogo **rinfrescante** e oggi non era diverso. Il sole splendeva e l'acqua sembrava invitante. Feci un respiro profondo e mi tuffai, sentendo il fresco abbraccio dell'acqua. Nuotai per un po', godendomi l'esercizio e la possibilità di schiarirmi le idee. Dopo un po' uscii e mi asciugai, poi mi sedetti su un asciugamano per rilassarmi al sole. Chiusi gli occhi e lasciai che il **calore** mi avvolgesse, sentendo i miei muscoli iniziare a rilassarsi. All'improvviso sentii uno spruzzo e aprii gli occhi per vedere la mia sorellina **che sguazzava** nel basso fondale. Sorrisi e la osservai per un po', poi mi alzai e mi avvicinai a lei. Chiacchierammo per un po' e pagaiarono insieme, godendo della reciproca compagnia. Presto i nostri genitori ci raggiunsero e passammo il resto del pomeriggio nuotando e giocando insieme. Era sempre così bello passare del tempo con la famiglia in piscina. C'è **qualcosa** nello stare in acqua che sembra unire le persone. Forse perché quando siamo in acqua siamo tutti uguali, non possiamo nascondere i nostri difetti o fingere di essere ciò che non siamo. O forse è solo perché è divertente! **Qualunque sia** la ragione, mi ha fatto piacere che ci siamo riuniti tutti insieme e che ci siamo goduti la reciproca compagnia in un luogo così speciale.

всички можем да се съберем и да се насладим на компанията си на такова специално място.

Слънцето напичаше кожата ми, а във въздуха се носеше миризма на хлор. Чувах звуците на деца, които се смееха и се плискаха в басейна. Лежах на шезлонг до басейна, попивах слънчевите лъчи и **се наслаждавах на** деня. Бях затворила очи и тъкмо се канех да се унеса в сън, когато чух, че някой върви към мен. Отворих очи и видях една жена, която стоеше до мен. Беше облечена в бикини и с хавлиена кърпа, увита около талията ѝ. Имаше дълга руса коса и сини очи. В ръката си държеше шишенце със **слънцезащитен крем.** "Имаш ли нещо против да намажа гърба ти със слънцезащитен крем?" - попита тя. "Не, няма проблем", казах аз и седнах, за да може тя да достигне гърба ми. Усетих ръцете ѝ върху кожата си, докато нанасяше слънцезащитния крем.

Докосването ѝ беше нежно, а ароматът на слънцезащитния крем - успокояващ. Отново затворих очи и се оставих да се отпусна. Чувах **звука от** движението ѝ, но не отварях очи. Бях доволен, че просто лежах на слънце и слушах шума на вълните, които **се разбиваха в** брега. След няколко минути тя се отдалечи и аз отворих очи. Гледах я как се връща към шезлонга си и взема книгата си.

Il sole batteva sulla mia pelle e l'odore di cloro era nell'aria. Sentivo il rumore dei bambini che ridevano e sguazzavano nella piscina. Ero sdraiata su una sedia a **sdraio** accanto alla piscina, a prendere il sole e a **godermi la** giornata. Avevo gli occhi chiusi e stavo per addormentarmi quando sentii qualcuno avvicinarsi a me. Aprii gli occhi e vidi una donna in piedi accanto a me. Indossava un bikini e aveva un asciugamano avvolto intorno alla vita. Aveva lunghi capelli biondi e occhi azzurri. Aveva in mano un flacone di **crema solare**. "Ti dispiace se ti metto un po' di crema solare sulla schiena?", mi chiese. "No, va bene", risposi, sedendomi in modo che potesse raggiungermi la schiena. Sentii le sue mani sulla mia pelle mentre applicava la crema solare.

Il suo tocco era delicato e il profumo della crema solare era rilassante. Chiusi di nuovo gli occhi e mi rilassai. Sentivo il **rumore** dei suoi movimenti, ma non aprii gli occhi. Mi accontentai di stare sdraiato al sole, ascoltando il rumore delle onde **che si infrangevano** sulla riva. Dopo qualche minuto si allontanò e io aprii gli occhi. La guardai mentre tornava alla sua poltrona e prendeva il suo libro.

Въпроси за разбиране

1. Къде е бил разказвачът, когато започва разказа?

2. Какво усеща разказвачът, когато отваря очи?

3. Какво чува разказвачът, когато отваря очи?

4. Чий слънцезащитен крем дава жената на разказвача?

5. За какво мечтае разказвачът?

6. Защо плуването в морето е толкова специално за разказвача?

7.Какво е усещането за водата, в която плува разказвачът?

8. Какво вижда разказвачът, когато излиза от водата?

9. Какво прави жената, след като слага слънцезащитния крем на разказвача?

10. За какво си говорят разказвачът и жената в края на разказа?

Domande di comprensione

1. Dove si trovava il narratore quando ha iniziato la storia?

2. Che odore sente il narratore quando apre gli occhi?

3. Cosa sente il narratore quando apre gli occhi?

4. Di chi è la crema solare che la donna dà al narratore?

5. Che cosa sogna il narratore?

6. Perché il bagno in mare è così speciale per il narratore?

7.Come si sente l'acqua in cui nuota il narratore?

8. Cosa vede il narratore quando esce dall'acqua?

9. Cosa fa la donna dopo aver messo la crema solare al narratore?

10. Di che cosa parlano il narratore e la donna alla fine della storia?

Косене на тревата

Лятна **събота е** в 10 часа сутринта и слънцето вече пече безмилостно. Тръгвате към гаража, за да вземете косачката, и се чувствате като **осъдени на** тежък труд. Започвате да косите тревата, като внимавате да вървите бавно и спокойно, за да не пропуснете някое място. Докато косите, си мислите колко хубаво е да си навън, на чист въздух. Когато започвате да бутате косачката напред-назад по тревата, виждате с ъгъла на **окото си** съседа си. Махате му и го поздравявате, а той ви отвръща с махане.

След няколко минути приключвате и отивате при съседа си, за да изпиете по бира в градината пред дома му. Денят е **идеален -** не е прекалено горещо, духа лек ветрец. Седите на сянката на дървото, отпивате от бирата и разговаряте със съседа си. Дни като този ви карат да цените лятото. След това **се отправяте към** вътрешността за заслужена бира. Облягате се на един стол на верандата и отваряте кутията, като въздишате доволно. Звукът на косачката остава на заден план, докато вие се отпускате на сянка и се наслаждавате на **спокойствието на** момента. Бирата е изключително вкусна след цялата тази тежка работа в жегата.

Tagliare il prato

Sono le 10 del mattino di un **sabato** estivo e il sole picchia già senza pietà. Si va in garage a prendere il tosaerba, con la sensazione di essere **condannati** ai lavori forzati. Iniziate a tagliare il prato, facendo attenzione ad andare piano per non perdere nessun punto. Mentre si taglia, si pensa a quanto sia bello stare all'aria aperta. Mentre iniziate a spingere il tosaerba avanti e indietro per il prato, con la coda dell'**occhio** vedete il vostro vicino. Lo salutate con la mano e lui ricambia.

Dopo qualche minuto, avete finito e vi recate a casa del vostro vicino per bere una birra con lui nel giardino davanti a casa. È una giornata **perfetta**: non fa troppo caldo e soffia una leggera brezza. Ci si siede all'ombra dell'albero, sorseggiando la birra e chiacchierando con il vicino. Sono giornate come questa che fanno apprezzare l'estate. Poi si **entra** in casa per una meritata birra. Ci si sdraia su una sedia del portico e si apre la lattina, tirando un sospiro soddisfatto. Il rumore del tosaerba passa in secondo piano mentre vi rilassate all'ombra, godendovi la **tranquillità del** momento. La birra ha un sapore ancora più buono dopo tutto quel duro lavoro al caldo. Stavo per rientrare in casa quando ho sentito un rumore nella stanza accanto.

Тъкмо се канех да вляза вътре, когато чух шум в съседната стая.

Сякаш някой плачеше. Спрях да кося и отидох до оградата, която разделяше дворовете ни. Надникнах и видях съседката ми, госпожа Джонсън, да плаче на люлката си на верандата. Извиках й, но тя не ме чу. Прескочих оградата и отидох при нея. "Госпожо Джонсън, добре ли сте?" Попитах. Тя ме погледна със сълзи в очите и поклати глава. "Не, не съм добре", каза тя. "Котката ми умря вчера." Бях шокирана. Не знаех какво да кажа. Просто стоях неловко, без да знам какво да правя. Накрая сложих ръка на **рамото** ѝ и казах: "Много съжалявам, госпожо Джонсън. Ако мога да направя нещо, за да помогна, моля, кажете ми. " Тя поклати глава и каза: "Не, никой **нищо не може** да направи." След това стана и влезе в къщата си. Постоях там за момент, без да знам какво да правя. След това се върнах към косенето на тревата си. Докато приключвах, не можех да не си помисля за госпожа Джонсън и нейната котка.

Sembrava che qualcuno stesse piangendo. Smisi di falciare e mi avvicinai alla recinzione che separava i nostri cortili. Mi affacciai e vidi la mia vicina, la signora Johnson, che piangeva sul dondolo del suo portico. La chiamai, ma non mi sentì. Scavalcai la recinzione e mi avvicinai a lei. "Signora Johnson, sta bene?". Le chiesi. Lei mi guardò con le lacrime agli occhi e scosse la testa. "No, non sto bene", disse. "Ieri è morto il mio gatto". Ero scioccato. Non sapevo cosa dire. Rimasi lì impacciato, senza sapere cosa fare. Alla fine le misi una mano sulla **spalla** e dissi: "Mi dispiace molto, signora Johnson. Se posso fare qualcosa per aiutarla, me lo faccia sapere". "Lei scosse la testa e disse: "No, nessuno può fare **niente**". Poi si alzò ed entrò in casa sua. Rimasi lì per un momento, senza sapere cosa fare. Poi tornai a tagliare il prato. Mentre finivo, non potei fare a meno di pensare alla signora Johnson e al suo gatto.

Въпроси за разбиране

1. Колко е часът?

2. Къде коси човекът?

3. Как се чувства човекът?

4. Защо човекът трябва да коси бавно?

5. Какво е времето?

6. Какво прави човекът след косенето?

7. Какво чува човекът, преди да се прибере у дома?

8. Кой е с г-жа Джонсън?

9. Защо г-жа Джонсън плаче?

10. какво казва лицето на г-жа Джонсън?

Domande di comprensione

1. Che ora è?

2. Dove si trova la persona che sta falciando?

3. Come si sente la persona?

4. Perché la persona deve falciare lentamente?

5. Che tempo fa?

6. Cosa fa la persona dopo la falciatura?

7. Cosa sente la persona prima di tornare a casa?

8. Chi è con la signora Johnson?

9. Perché la signora Johnson piange?

10. Cosa dice la persona alla signora Johnson?

Подстригване

От седмици се канех да се подстрижа, но някак си все отлагах. Но тъй като **Коледа беше съвсем близо,** знаех, че не мога да отлагам повече. Не исках да се появявам на коледната вечеря на семейството си, изглеждайки като разхвърлян. Затова рано сутринта на Коледа се отправих към салона. Въпреки че беше рано, салонът вече беше зает с други хора, които си правеха прически за празника. Заех мястото си на опашката и зачаках реда си. Накрая дойде моят ред на стола. Стилистката, дружелюбна жена на име Джил, ме попита какво искам. “Само подстригване, нищо драстично”, отговорих. Джил се зае с работата си, като подстригваше косата ми. Докато работеше, аз започнах да се отпускам. Чувствах се добре, че най-накрая се грижа за себе си. Напоследък бях толкова заета да се грижа за всички останали, че бях оставила собствените си нужди на заден план. Но **вече** не е така. Отсега нататък щях да отделям време за себе си.

Когато Джил приключи, се погледнах в огледалото и останах доволна от видяното. Косата ми изглеждаше спретната и полирана - идеална за празнични събирания. **Благодарих на** Джил и **си**

Tagliarsi i capelli

Erano settimane che volevo tagliarmi i capelli, ma in qualche modo riuscivo sempre a rimandare. Ma con il **Natale** alle porte, sapevo che non potevo più rimandare. Non volevo presentarmi alla cena di Natale della mia famiglia con un aspetto trasandato. Così, la mattina presto di Natale, mi sono recata al salone. Anche se era presto, il salone era già pieno di persone che **si facevano** fare i capelli per le feste. Presi posto nella fila e aspettai il mio turno. Finalmente arrivò il mio turno sulla poltrona. La parrucchiera, una donna gentile di nome Jill, mi chiese cosa volessi. "Solo una spuntatina, niente di troppo drastico", risposi. Jill si mise al lavoro, tagliando i miei capelli. Mentre lavorava, cominciai a rilassarmi. Mi sentivo bene a prendermi finalmente cura di me stessa. Ultimamente ero stata così occupata a correre in giro per prendermi cura di tutti gli altri, che avevo lasciato cadere in secondo piano i miei bisogni. Ma **ora** non **più**. D'ora in poi avrei trovato il tempo per me stessa.

Quando Jill ha finito, mi sono guardata allo specchio e sono rimasta soddisfatta di ciò che ho visto. I miei capelli avevano un aspetto ordinato e curato, perfetto per le feste. **Ringraziai** Jill e presi **nota** di tornare più spesso. D'ora in poi mi prenderò cura di me

записах да се връщам по-често. Отсега нататък ще се грижа преди всичко за себе си. Тя се зае с подстригването на косата ми. Помислих си колко съм благодарна, че най-накрая се заех да се подстрижа. Чувствах се добре да знам, че ще изглеждам прилично за коледната **вечеря**. Вече нямаше да се притеснявам, че семейството ми ще ми се подиграва за “мършавия” ми външен вид. След няколко минути фризьорката приключи с подстригването и ме изсуши набързо. Погледнах се в огледалото и останах доволна от видяното - изчистена прическа, която щеше да е идеална за коледната вечеря. Сега, когато подстригването ми беше приключило, можех да се съсредоточа върху това да се насладя на празника със семейството си. И бях още по-благодарна за това.

Чувствах се толкова **освободена** и ми хареса как изглеждаше новата ми прическа. След като платих за подстригването, се прибрах вкъщи и започнах да събирам багажа за пътуването си. **Нямах** търпение да покажа новата си визия на семейството и приятелите си. Знаех, че ще се изненадат, когато ме видят. В деня на полета пристигнах на летището с достатъчно свободно време. Преминах през проверката за сигурност без никакви проблеми и скоро бях на път. Щом пристигнах на местоназначението си, усетих вълнението във въздуха.

stessa prima di tutto. Si mise al lavoro per tagliare i miei capelli. Pensai a quanto fossi grata di essermi finalmente decisa a tagliarmi i capelli. Era bello sapere che sarei stata presentabile per la **cena** di Natale. Non avrei più dovuto preoccuparmi che la mia famiglia mi prendesse in giro per il mio aspetto “trasandato”. Dopo qualche minuto, la parrucchiera finì di tagliarmi i capelli e mi diede una rapida asciugata. Mi guardai allo specchio e fui felice di ciò che vedevo: un look pulito che sarebbe stato perfetto per la cena di Natale. Ora che il taglio di capelli era stato superato, potevo concentrarmi sulle vacanze con la mia famiglia. Ed ero ancora più grata per questo.

Mi sentivo così **libera** e adoravo l’aspetto del mio nuovo taglio di capelli. Dopo aver pagato il taglio, sono tornata a casa e ho iniziato a fare i bagagli per il mio viaggio. **Non** vedevo l’ora di mostrare il mio nuovo look alla mia famiglia e ai miei amici. Sapevo che sarebbero rimasti sorpresi quando mi avrebbero visto. Il giorno del volo sono arrivata all’aeroporto con molto tempo a disposizione. Ho superato i controlli di sicurezza senza problemi e presto sono partita. Non appena arrivai a destinazione, sentii l’eccitazione nell’aria.

Въпроси за разбиране

1. Какво трябва да направи главният герой преди Коледа?

2. Как се е чувствала героинята, когато се е грижила за себе си?

3. Кой подстригва косата на главния герой?

4. Защо семейството на главната героиня щеше да й се подиграва?

5. Как се чувства главната героиня, след като се подстригва?

6. Какво прави главната героиня, след като се подстригва?

7. Каква е реакцията на семейството на главната героиня на нейното подстригване?

8. Какво прави главният герой на Бъдни вечер?

9. Кое е направило преживяването на героя по-специално?

10. Какво би се случило, ако главният герой не се подстриже?

Domande di comprensione

1. Che cosa doveva fare il protagonista prima di Natale?

2. Come si è sentita la protagonista nel prendersi cura di sé?

3. Chi ha tagliato i capelli al protagonista?

4. Perché la famiglia della protagonista la prendeva in giro?

5. Come si è sentita la protagonista dopo essersi tagliata i capelli?

6. Che cosa ha fatto la protagonista dopo essersi tagliata i capelli?

7. Qual è stata la reazione della famiglia della protagonista al suo taglio di capelli?

8. Che cosa ha fatto il protagonista la vigilia di Natale?

9. Cosa ha reso più speciale l'esperienza del protagonista?

10. Cosa succederebbe se il protagonista non si tagliasse i capelli?

Паркът

Слънцето залязваше, а паркът беше пуст. Седях на пейката и чаках **приятеля** си. Бяхме планирали да се срещнем тук преди час, но тя винаги закъсняваше. Точно когато бях на път да се откажа и да се прибера вкъщи, я видях да тича към мен. "Толкова съжалявам", изпъшка тя, когато стигна до пейката. "Влакът ми **закъсня.**" "Всичко е наред", казах **прощално**. "Току-що пристигнах тук." Седнахме и си поговорихме известно време, като се запознахме с живота си от последната ни среща. Разговорът вървеше с **лекота и сякаш** изобщо не беше минало време от последната ни среща. Със залеза на слънцето се сбогувахме и поехме по различни пътища. Следващият път, когато се срещнахме, беше в друг парк. Тя отново закъсня, но аз нямах нищо против. Беше хубаво да имам човек, с когото да говоря и който ме **разбира.** Говорихме за мечтите и **стремежите** си, за нещата, които искахме да направим в живота си. Тя ми разказа за плановете си да пътува по света, а аз споделих мечтата си да стана писател. Когато слънцето залязваше в поредния ден, ние отново си казахме довиждане, като си обещахме този път да поддържаме връзка.

Il parco

Il sole stava tramontando e il parco era vuoto. Mi sedetti sulla panchina ad aspettare la mia **amica**. Avevamo programmato di incontrarci qui un'ora fa, ma lei era sempre in ritardo. Proprio quando stavo per arrendermi e tornare a casa, la vidi correre verso di me.
"Mi dispiace tanto", ansimò quando raggiunse la panchina. "Il mio treno è **in ritardo**". "Non c'è problema", dissi **con indulgenza**. "Sono appena arrivato anch'io". Ci siamo seduti e abbiamo chiacchierato per un po', aggiornandoci sulle nostre vite dall'ultima volta che ci siamo visti. La conversazione è fluita **facilmente** e ci è sembrato che non fosse passato affatto del tempo dall'ultima volta che ci siamo visti.
Al tramonto ci siamo salutati e abbiamo preso strade diverse. La volta successiva ci incontrammo in un altro parco. Anche in questo caso era in ritardo, ma non mi dispiaceva. Era bello avere qualcuno con cui parlare che mi **capisse**. Parlammo dei nostri sogni e delle nostre **aspirazioni**, delle cose che volevamo fare nella nostra vita. Lei mi parlò dei suoi progetti di viaggiare per il mondo e io le confidai il mio sogno di diventare scrittrice. Al tramonto di un altro giorno, ci siamo salutate ancora una volta, promettendo di tenerci in contatto questa volta.

Годините минаваха, а **приятелството** ни оставаше силно, въпреки че сега живеехме в различни части на страната. Поддържахме връзка чрез писма и случайни телефонни обаждания, като си разказвахме новини от живота си. Когато тя обяви, че ще се омъжва, не се **изненадах -** тя винаги е била **авантюристичен** тип. Но когато ме попита дали ще бъда нейна шаферка на сватбената й церемония, която се провежда на половината свят от мястото, където живеех... това изискваше известно убеждаване! В крайна сметка обаче не можех да позволя на най-добрата си приятелка да се омъжи, без да съм до нея, така че въпреки страховете си (и след дълги молби от нейна страна!) **се съгласих** да участвам в това, което се оказа **приключението на** живота ми.

Денят на **сватбата** най-накрая настъпи. Бях нервна, но и развълнувана, че ще бъда част от такъв важен момент в живота на моя приятел. Церемонията беше красива и тя изглеждаше щастлива, докато казваше клетвите си. **След това** отпразнувахме с голямо парти - изглеждаше, че всички, които познаваше, бяха дошли да празнуват с нея! Беше **вълшебен** ден, който никога няма да забравя, а приятелството ни само се засили след това приключение. Сега, години по-късно, продължаваме да поддържаме връзка.

Gli anni sono passati e la nostra **amicizia** è rimasta forte, anche se ora viviamo in zone diverse del Paese. Ci siamo tenute in contatto tramite lettere e telefonate occasionali, condividendo le notizie della nostra vita. Quando annunciò che si sarebbe sposata, non ne fui **sorpreso**: era sempre stata un tipo **avventuroso**. Ma quando mi ha chiesto di farle da damigella d'onore alla cerimonia di matrimonio che si sarebbe svolta a metà strada dal luogo in cui vivevo... c'è voluto un po' per convincerla! Alla fine, però, non potevo permettere che la mia migliore amica si sposasse senza di me al suo fianco, così, nonostante le mie paure (e dopo molte suppliche da parte sua!), ho **accettato** di partecipare a quella che si è rivelata l'**avventura** di una vita.

Finalmente è arrivato il giorno del **matrimonio**. Ero nervosa, ma entusiasta di partecipare a un momento così importante della vita della mia amica. La cerimonia è stata bellissima e lei sembrava felice mentre pronunciava le sue promesse. **Dopo**, abbiamo festeggiato con una grande festa: sembrava che tutti i suoi conoscenti fossero venuti a festeggiare con lei! È stato un giorno **magico** che non dimenticherò mai, e la nostra amicizia si è rafforzata dopo quell'avventura. Ora, a distanza di anni, ci teniamo ancora in contatto.

Въпроси за разбиране

1. Къде се срещат авторката и нейният приятел за първи път?

2. Защо приятелят на автора е закъснял за срещата им?

3. За какво са си говорили приятелите, когато са се срещнали отново години по-късно?

4. Как се е чувствала авторката, когато е присъствала на сватбената церемония на приятелката си?

5. Опишете обстановката на сватбената церемония.

6. Как се е променило приятелството между двете жени с течение на времето?

7. Каква е мечтата на автора?

8. Къде планира да пътува приятелят на автора?

9. Защо авторката се колебае дали да присъства на сватбената церемония на приятелката си?

Domande di comprensione

1. Dove si sono incontrati per la prima volta l'autrice e la sua amica?

2. Perché l'amico dell'autore è arrivato in ritardo all'incontro?

3. Di che cosa hanno parlato gli amici quando si sono rivisti anni dopo?

4. Come si è sentita l'autrice ad assistere alla cerimonia di matrimonio della sua amica?

5. Descrivete l'ambientazione della cerimonia nuziale.

6. Come è cambiata l'amicizia tra le due donne nel corso del tempo?

7. Qual è il sogno dell'autore?

8. Dove intende viaggiare l'amico dell'autore?

9. Perché l'autrice esitava a partecipare alla cerimonia di matrimonio della sua amica?

www.ingramcontent.com/pod-product-compliance
Lightning Source LLC
LaVergne TN
LVHW012101160826
845678LV00014B/2899

* 9 7 9 8 8 4 6 2 1 8 6 2 8 *